Gennaro Falcone
Tina Zogopoulou

Perfetto! 1

Esercizi di grammatica italiana

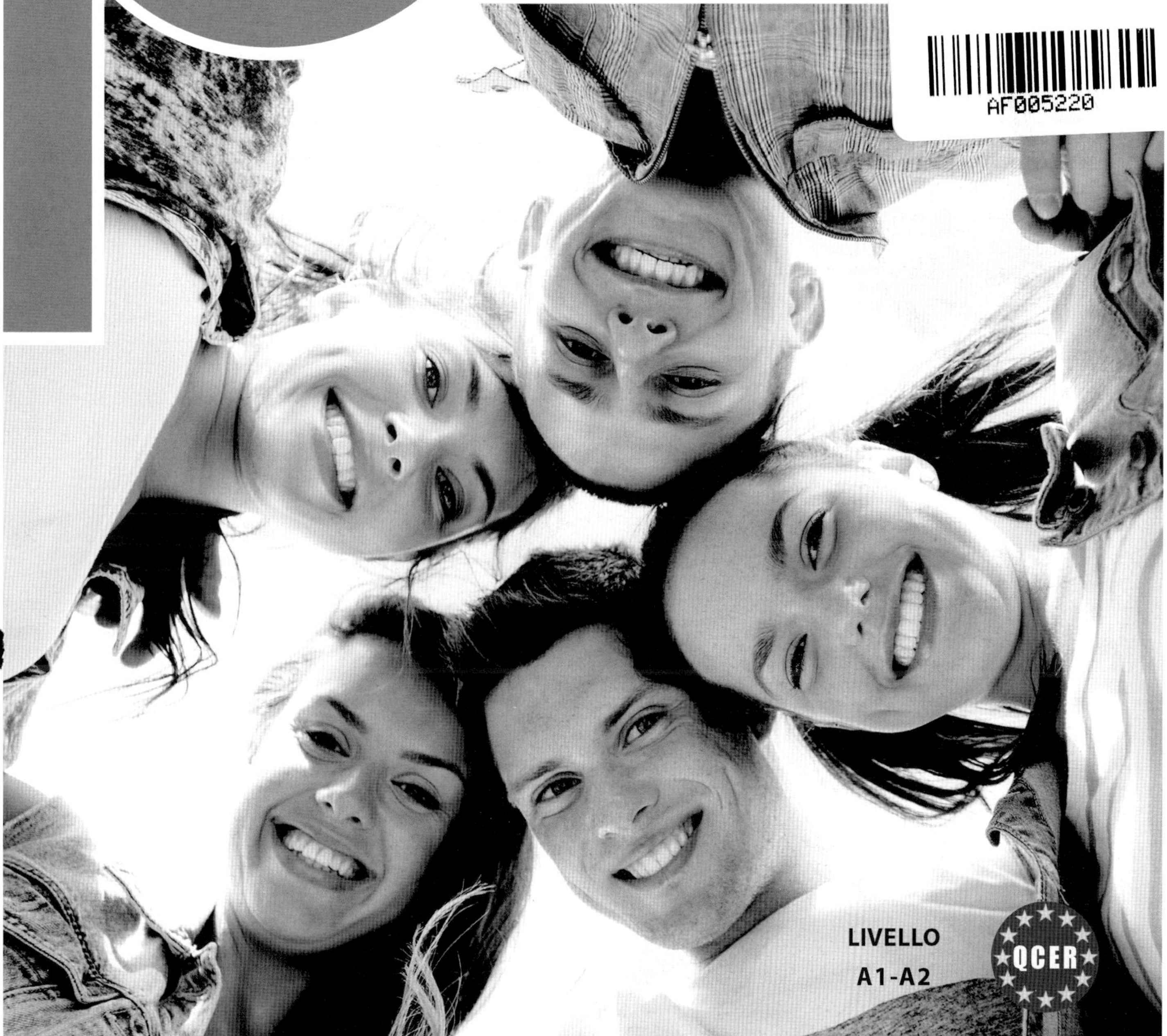

LIVELLO
A1-A2

QCER

ornimi
EDITIONS

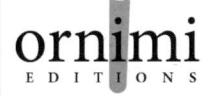

Gennaro Falcone, nato a Napoli, si è laureato in Lingue e Letterature straniere a *"L'Orientale di Napoli"*, con indirizzo linguistico-glottodidattico, conseguendo anche un *Master in Didattica dell'Italiano come Lingua non materna*, presso l'*Università per Stranieri di Perugia*. Insegna italiano a stranieri dal 2004. Ha insegnato in Italia (*Università per Stranieri di Perugia*) e all'estero (Brasile, Spagna e Palestina). Ha una grande passione per la creazione di materiale didattico. Nel 2009 è stato pubblicato il suo primo libro *Lettura in puzzle. Lente d'ingrandimento per leggere e capire i giornali italiani*. Fondatore del sito *L'italiano per te* su cui è disponibile materiale didattico gratuito, messo a disposizione di scuole, insegnanti e studenti. Attualmente lavora a Napoli come insegnante d'italiano a stranieri, presso università ed enti vari, e continua ad occuparsi di analisi e creazione di materiale didattico interattivo e ludico.

Tina Zogopoulou, nata a Zakinthos (Grecia), ha studiato Lingue e Letterature straniere presso l'*Università di Firenze*. In seguito, ha ottenuto una specializzazione per l'insegnamento dell'italiano come lingua straniera presso l'*Università per Stranieri di Perugia*. Ha sviluppato una grande esperienza nell'insegnamento dell'italiano L2/LS, partecipando e collaborando in diversi progetti didattici e glottodidattici con il Prof. Katerin Katerinov. Titolare e direttrice della scuola di lingue straniere *'Perugia'*. Ha una grande passione per le lingue. Parla inglese, francese e insegna da diversi anni la lingua turca. Autrice di materiali didattici (grammatiche, eserciziari, corso di lingua italiana per bambini, letture semplificate) nonché coautrice di diversi dizionari. Nel 1989 ha fondato la casa editrice *"Perugia"*, specializzata nella pubblicazione di manuali didattici per la lingua italiana.

Redazione: **Maria Claudia Pierini, Michele Mantouvalos**
Impaginazione e progetto grafico: **ORNIMI editions**

© 2020 ORNIMI editions
3a ristampa: marzo 2025
SBN: 978-618-84586-7-3

ORNIMI editions
Lontou 8
10681 Atene
T. +30 210 3300073
www.ornimieditions.com

L'Editore è a disposizione degli aventi diritto che non è stato possibile rintracciare e per eventuali omissioni o inesattezze.

Tutti i diritti di traduzione, memorizzazione elettronica, riproduzione e di adattamento parziale o totale, tramite qualsiasi mezzo (digitale o supporti di qualsiasi tipo), di quest'opera, sono riservati in Italia e all'estero.

PREMESSA

Perfetto! è una collana composta da tre volumi. *Un eserciziario di grammatica italiana* adatto a *studenti giovani e adulti*, da usare in *autoapprendimento* o in un corso di lingua italiana in presenza, *pensato e strutturato per accompagnare qualsiasi manuale di lingua*. Il primo volume, **Perfetto! 1**, copre *i livelli elementari A1-A2 del Quadro Comune Europeo di Riferimento per le lingue*.

• Procedimento a spirale

La sequenza degli argomenti rispetta l'ordine di apprendimento presentato da qualsiasi manuale d'italiano a stranieri, che segua i criteri didattici stabiliti dai livelli del QCER. Gli argomenti vengono trattati seguendo una procedura a spirale, riprendendo e ampliando temi già trattati in unità precedenti: *Preposizioni semplici e articolate (1); Preposizioni semplici e articolate (2)* ecc… Ciò non toglie la possibilità di gestire la sequenza delle unità presentate, in modo autonomo e indipendente, considerando le proprie esigenze linguistiche e i propri obiettivi didattici.

• Livelli di analisi, immagini e attività

Diversi sono i livelli di analisi linguistica che vengono presi in considerazione nell'eserciziario: lessicale, semantico, pragmatico e morfo–sintattico, partendo dalla lingua viva, usata tutti i giorni dai parlanti nativi. La comprensione dei testi passa attraverso un approccio analitico, che permette di eseguire un'analisi accurata delle strutture e del loro significato, e attraverso l'uso di immagini, grazie alle quali vengono contestualizzate le diverse situazioni. Sono presenti immagini che hanno un ruolo determinante, ai fini dello svolgimento delle attività: abbinamento testo–immagine, che guidano la comprensione e aiutano a scoprire il significato e immagini di contorno che rendono l'attività più accattivante e stimolano l'azione da parte dello studente. Diverse sono anche le tipologie di attività: abbinamento, completamento, riordino, rispondi alle domande, caccia all'errore, trasformazione; e non mancano tipologie più ludiche: cruciverba, crucipuzzle, tabelle con foto, che guidano lo svolgimento, e tabelle ludiche che stimolano l'analisi e la riflessione.

Perfetto! 1 ha come scopo quello di rendere indipendente lo studente nel percorso di apprendimento della lingua italiana, anche al di fuori del contesto più formale e accademico: lo studente imparerà ad osservare la lingua viva, ad analizzare e a scoprire anche da solo le forme, gli usi e le funzioni particolari dell'italiano quotidiano.

• Cultura e test di controllo

Attraverso lo svolgimento di diverse attività, lo studente può scoprire vari aspetti della cultura italiana: musica, cinema, letteratura, abitudini quotidiane e cultura generale. Inoltre, la possibilità di scaricare le tabelle grammaticali, disponibili online sul sito delle Edizioni Ornimi, e di consultare le soluzioni in appendice mette in condizione gli studenti di poter procedere in totale autonomia e indipendenza. I test intermedi e i test finali permettono di verificare e monitorare il proprio livello di competenza, in vista dei certificati linguistici ufficiali: Celi e Cils, relativi ai livelli del QCER A1–A2.

INDICE

Prima parte

1. Alfabeto italiano **6**
2. Articoli determinativi **8**
3. Articoli indeterminativi **12**
4. Nomi e aggettivi **13**
Test 1 (Unità 1–4) **16**
5. Presente indicativo dei verbi essere e avere **20**
6. Interrogativi **23**
7. Presente indicativo 1 (regolare e irregolare) **25**
Test 2 (Unità 5–7) **30**
8. Il verbo esserci **34**
9. Preposizioni semplici e articolate 1 .... **35**
10. Presente Indicativo 2 (regolare e irregolare) **38**
Test 3 (Unità 8–10) **44**
11. Avverbi di frequenza **48**
12. I possessivi **50**
13. I dimostrativi **54**
Test 4 (Unità 11–13) **58**
Test finale **62**

Seconda parte

14. I verbi riflessivi **66**
15. Preposizioni semplici e articolate (2) **68**
16. Ci luogo – Ne partitivo 1 .... **72**
Test 1 (Unità 14–16) **76**
17. Stare + gerundio – Stare per + infinito **80**
18. Passato Prossimo **82**
19. Comparativi (maggioranza, minoranza e uguaglianza) **89**
Test 2 (Unità 17–19) **92**
20. Pronomi diretti **96**
21. Ne partitivo 2 .... **101**
22. Imperfetto **103**
23. Futuro Semplice **105**
Test 3 (Unità 21–23) **108**
24. Pronomi indiretti **112**
25. Condizionale Semplice **116**
26. Imperativo diretto **119**
27. Passato prossimo e Imperfetto **124**
Test 4 (Unità 24–27) **126**
Test finale **130**
Tabelle grammaticali (Codice QR) **133**
Soluzioni delle attività **134**
Fonti **141**

perfetto! 1

PRIMA PARTE

1 Alfabeto italiano

A Metti in ordine alfabetico le parole:

Paesi

Italia / Germania / Messico / Cina / Inghilterra / Spagna / Grecia / Francia / Bulgaria / Turchia / Svizzera / Olanda / Russia / Canada / Argentina

1. Argentina
2. _____
3. _____
4. _____
5. _____
6. _____
7. _____
8. _____
9. _____
10. _____
11. _____
12. _____
13. _____
14. _____
15. _____

Città

Roma / Milano / Venezia / Torino / Firenze / Pisa / Bologna / Siena / Parma / Ancona / Bari / Genova / Napoli / Trieste / Perugia

1. Ancona
2. _____
3. _____
4. _____
5. _____
6. _____
7. _____
8. _____
9. _____
10. _____
11. _____
12. _____
13. _____
14. _____
15. _____

Altre parole

caffè / museo / vino / aereo / giornale / conto / finestra / occhiali / palestra / giallo / isola / mare / zero / regalo / bambino

1. aereo
2. _____
3. _____
4. _____
5. _____
6. _____
7. _____
8. _____
9. _____
10. _____
11. _____
12. _____
13. _____
14. _____
15. _____

6 sei

prima parte

B Guarda le immagini e completa ogni nome con la lettera corretta.

1. *lettere:* c – t – v – b

 **b**acio    ____aldo    ____re   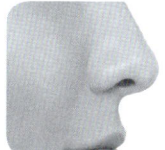 ____ento

2. *lettere:* s – v – p – n

 ____aso    ____iso    ____orriso    ____iscina

3. *lettere:* f – f – b – c

 ____ampana    ____agno    ____amiglia    ____oglio

4. *lettere:* m – p – l – o

 ____lio    ____izza    ____ozzarella    ____asagna

C 1. Sono corrette? Leggi le parole e con l'aiuto della lista, in basso, ~~cancella~~ le parole sbagliate, come nell'*esempio*.

theatro	istituto	perché	transmettere	salotto	perfeto
tipo	campagnia	terracota	cielo	~~marone~~	honesto
tourista	stomaco	consiglio	Athene	descrizione	scherzo
telephono	psichico	occasione	cansone	dottore	tagliare
zelato	Alexandro	zuccero	televizione	caratere	banio

Lista

Attenzione! Le parole in questa lista sono senza spazi.

alessandroateneattentobagnobellocampagnacanzonecaratterecie-
locinqueconsigliodescrizionedottoregelatoistituto**marrone**occasio-
neonestoperchéperfettopsichicosalottoscherzostomacotagliaretea-
trotelefonotelevisioneterracottatipotrasmettereturistazerozucchero

2. Ora riscrivi in modo corretto tutte le parole sbagliate.

marrone

perfetto! 1

2 Articoli determinativi

T.G. p.133

A 1. Completa con l'articolo determinativo corretto: *il* oppure *lo*?

1. _il_ giorno
2. ___ sconto
3. ___ giornale
4. ___ zucchero
5. ___ stivale
6. ___ giardino
7. ___ telefono
8. ___ scherzo
9. ___ ristorante
10. ___ spumante
11. ___ conto
12. ___ stato
13. ___ sguardo
14. ___ piatto
15. ___ treno
16. ___ smalto
17. ___ vestito
18. ___ scheletro
19. ___ cavallo
20. ___ sbaglio

2. Completa con l'articolo determinativo corretto: *il* oppure *l'*?

1. _il_ quadro
2. ___ abito
3. ___ tappeto
4. ___ bagno
5. ___ albergo
6. ___ pranzo
7. ___ ponte
8. ___ padre
9. ___ orologio
10. ___ ospedale
11. ___ porto
12. ___ nonno
13. ___ oggetto
14. ___ oceano
15. ___ cugino
16. ___ mobile
17. ___ albero

B Completa con l'articolo determinativo corretto: *la* oppure *l'*?

1. _la_ piazza
2. ___ ora
3. ___ edicola
4. ___ pizza
5. ___ industria
6. ___ camera
7. ___ parola
8. ___ uscita
9. ___ arancia
10. ___ macchina
11. ___ agenzia
12. ___ analisi
13. ___ pasta
14. ___ opera
15. ___ stazione
16. ___ sorella
17. ___ acqua
18. ___ poltrona
19. ___ borsa
20. ___ aria

C Completa i riquadri degli articoli con le parole corrette.

il	lo	l' (maschile)	la	l' (femminile)
vino				

Maschile

elefante, aereo, fiume, uccello, zero, vino, spazio, pesce, capitano, bottone, zaino, spagnolo, fratello, cameriere, sciopero, topo, zingaro, studente, dolce, sport, uovo

Femminile

mattina, birra, acqua, forchetta, matita, fragola, aria, lettera, elica, tartaruga, cravatta, classe, aranciata, insegnante.

prima parte

D Leggi le frasi con gli articoli e le immagini. Poi completa gli spazi con i nomi corretti.

1. Il ___vino___ rosso è molto buono.
2. Lo ___s...___ preferito di Carlo è il tennis.
3. L' ___u...___ è molto carino.
4. Il ___b...___ è grande.
5. Il ___c...___ è bravo.
6. L' ___a...___ è fredda.
7. La ___t...___ è lenta.
8. La ___b...___ è greca.

E 1. Collega le parti nella tabella come nell'*esempio*.

Articolo	Nome	Immagini
I	rose	a.
I	cellulari	b.
Gli	arance	c.
Gli	bicchieri	d.
Le	elefanti	e.
Le	zaini	f.

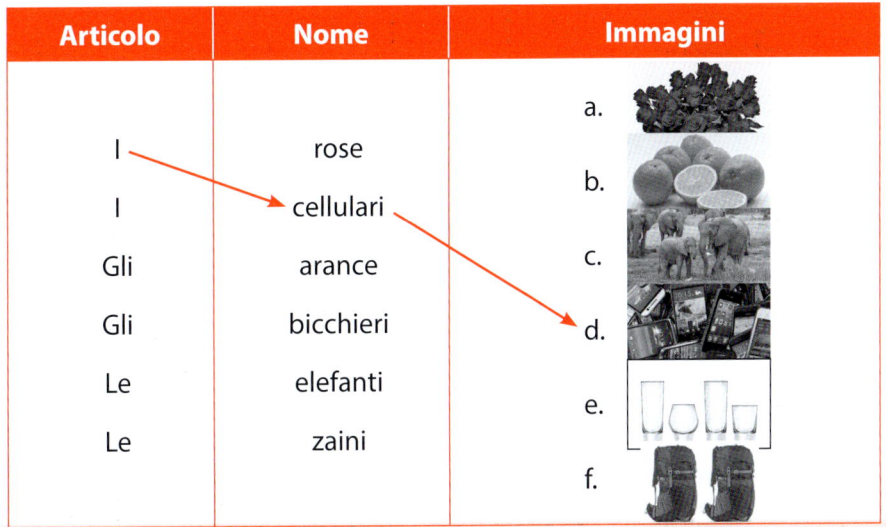

I ___cellulari (d)___
I _____
Gli _____
Gli _____
Le _____
Le _____

2. Ora completa le frasi con gli articoli e i nomi della tabella.

1. _____ rosse sono per il matrimonio di Caterina.
2. _____ sono grandi e molto utili per viaggiare.
3. _____ sono nuovi.
4. _____ sono fresche e profumate.
5. _____ sono molto intelligenti.
6. _____ sono di vetro.

nove 9

2 Articoli determinativi

3. Nelle tabelle ci sono 8 errori. Cancella gli errori e riscrivi la tabella in modo corretto, come mostra l'esempio.

MASCHILE

Singolare	Plurale
~~Lo~~ cellulare	Gli cellulari
L' elefante	Gli elefanti
Il zaino	I zaini

Singolare	Plurale
Il cellulare	

FEMMINILE

Singolare	Plurale
Le rosa	L' rose
La arancia	La arance

Singolare	Plurale

F Completa gli spazi con gli articoli maschili al plurale: *i* e *gli*.

1. Dove sono _____ studenti?
2. _____ ragazzi si chiamano Carlo e Giulio.
3. _____ fogli sono colorati.
4. _____ amici di Claudia sono molto simpatici.
5. _____ specchi nel corridoio sono sporchi.
6. Di chi sono _____ fogli in bianco sul tavolo?
7. _____ giovani di oggi sono molto maleducati.
8. _____ occhi del mio ragazzo sono verdi.

G Sottolinea le frasi con l'articolo femminile al plurale.

1. La ragazza con i capelli rossi è mia cugina.
2. Le studentesse sono molto brave.
3. Le bottiglie sono piene?
4. L'automobile ha un problema al motore.
5. Il papà di Giulia è americano.
6. Le mamme sono persone speciali.
7. Dove sono le amiche di Paolo?
8. L'amica di Claudia è turca.

prima parte

H 1. Ricordi i nomi e gli articoli di queste immagini? Prova a scrivere, per ogni immagine, l'articolo e il nome.

a. _Gli elefanti_   b. _____   c. _____   d. _____

e. _____   f. _____   g. _____

2. Ora indica, per ogni articolo, tre nomi.

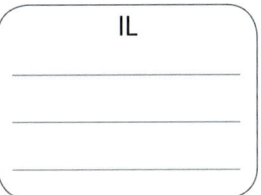 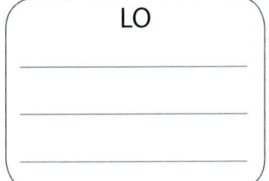 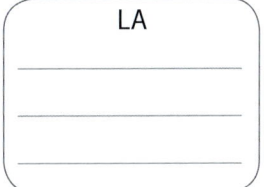

IL   LO   LA

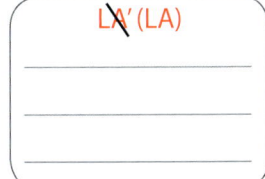 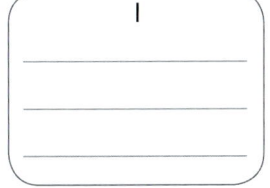

L̶O̶' (LO)   L̶A̶' (LA)   I

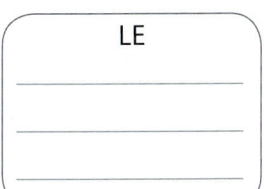

GLI   LE

undici 11

3 Articoli indeterminativi

A *Un o uno?* Completa gli spazi con l'articolo indeterminativo.

1. _un_ giornale
2. _____ zaino
3. _____ spagnolo
4. _____ stadio
5. _____ aereo
6. _____ scalino
7. _____ cameriere
8. _____ ristorante
9. _____ stato
10. _____ studente
11. _____ ospedale
12. _____ sguardo
13. _un_ albergo
14. _____ sbaglio
15. _____ professore
16. _____ amico
17. _____ studio
18. _____ vestito
19. _____ zio
20. _____ appartamento

B *Una o un'?* Completa gli spazi con l'articolo indeterminativo.

1. _una_ mattina
2. _____ pizza
3. _____ australiana
4. _____ camera
5. _____ borsa
6. _____ edicola
7. _____ lettera
8. _____ strada
9. _____ idea
10. _____ birra
11. _____ parola
12. _____ macchina
13. _____ lampada
14. _____ amica
15. _____ donna
16. _____ ora
17. _____ finestra
18. _____ automobile
19. _____ stazione
20. _____ italiana

C Leggi le frasi e completa gli spazi con gli articoli indeterminativi.

1. Questa è _____ scarpa rossa.
2. Il Po è _____ fiume italiano.
3. Mio padre lavora in _____ industria svizzera.
4. C'è _____ chiave sulla sedia.
5. Ios è _____ isola greca.
6. Questo è _____ stadio molto piccolo.
7. "Bella Napoli" è _____ pizzeria molto famosa.
8. Il nuoto è _____ sport molto bello.

Nuotare

D Collega le frasi con gli articoli indeterminativi.

1. A pranzo mangio un…
2. Mike è uno…
3. La professoressa Sara è un'…
4. Questa è una…
5. La Lamborghini è un'…
6. Paul è un…

a. archeologo americano.
b. studente americano.
c. stella marina.
d. piatto di spaghetti.
e. automobile molto costosa.
f. esperta di Storia dell'Arte.

4 Nomi e aggettivi

prima parte

Nomi

A Collega i nomi maschili singolari con i nomi plurali e completa gli spazi.

1. il mese
2. il tempo
3. il santo
4. il negozio
5. il presidente
6. il canale
7. il fiore
8. l'incidente
9. il generale
10. il cliente
11. l'impiegato
12. l'articolo
13. l'anno
14. l'ostacolo
15. lo specchio
16. lo studio
17. lo zaino
18. l'amico
19. il libro
20. il banco

a. gli amic___
b. gli impiegat___
c. i temp___
d. gli zain___
e. i sant___
f. gli specch___
g. i negoz___
h. i canal___
i. gli ann___
j. i fior___
k. gli ostacol___
l. gli incident___
m. gli stud___
n. i general___
o. i client___
p. i mesi
q. i president___
r. gli articol___
s. i libr___
t. i banch___

1. ___
2. ___
3. ___
4. ___
5. ___
6. ___
7. ___
8. ___
9. ___
10. ___
11. ___
12. ___
13. ___
14. ___
15. ___
16. ___
17. ___
18. ___
19. ___
20. ___

B Trova nel crucipuzzle i nove nomi femminili singolari e trasformali al plurale.

la _musica_   le _musiche_
la b_____   le b_____
la n_____   le n_____
l'a_____   le a_____
l'a_____   le a_____
la v_____   le v_____
la l_____   le l_____
l'a_____   le a_____
la f_____   le f_____
l'a_____   le a_____

```
A U T O M O B I L E O O Q Y
Y I W F B O I D H S A F A A
A A K E A Q M O G T R D G V
L U N Y N L X G M C A N E O
G S Z A C U I D Z L N Q N F
L R I C A P N F W C G Z O
N Q T K E E M A N Y I X I Q
W R Q T A P T U E C A T A I
W S T C B S C Y S W Z W E J
X O I Y E K X P J I T S A N
N M B F A A F E L Q C L H K
A Q X V N F O O I P Z A R V
S Y R F V A L I G I A B P I
Z E C W J V V J E W K G Z R
```

4 Nomi e aggettivi

C Completa gli spazi con il singolare e il plurale dei nomi irregolari.

Singolare:
- la città
- l' _____
- l'uomo
- la _____
- il braccio
- la _____
- la mano
- il _____
- la radio
- il _____
- lo sport
- l' _____

Plurale:
- le città
- le analisi
- gli _____
- le moto
- le _____
- le crisi
- le _____
- le labbra
- le _____
- i bar
- gli _____
- le università

Firenze

D Completa con il maschile o il femminile dei nomi.

Maschile:
- il maestro
- l' _____
- lo zio
- il _____
- il fidanzato
- il _____
- il cameriere
- l' _____
- il bambino
- l' _____
- il cugino
- il _____

Femminile:
- la maestra
- l'operaia
- la _____
- la fioraia
- la _____
- la ragazza
- la _____
- l'infermiera
- la _____
- l'amica
- la _____
- la nonna

E Leggi le frasi con le immagini e completa gli spazi con i nomi corretti. *Maschile* o *femminile*?

La dottoressa / La nonna / L'attore / L'uomo / L'attrice / Il farmacista / L'uomo / Il nonno / Il papà

1. _____ è molto alto.
2. _____ è molto bravo.
3. _____ si chiama Giovanna.
4. _____ lavora in farmacia.
5. _____ lavora in un ospedale.
6. _____ è felice.
7. _____ ha due nipoti.
8. _____ cucina.

14 quattordici

prima parte

F Completa i nomi in neretto e indica se sono *maschili* (M) o *femminili* (F). Attenzione ai nomi irregolari*.

1. La canzon_____ di Laura Pausini è molto bella. (_____)
2. La *fot_____ di Lucia è davvero brutta. (_____)
3. Che cos'è l'amor_____? (_____)
4. La *cris_____ economica è pericolosa. (_____)
5. Il *sistem_____ giuridico di questa nazione è molto complicato. (_____)
6. Il *clim_____ cambia spesso. (_____)
7. Che bella *giovent_____! (_____)
8. Questa è una brutta abitudin_____. (_____)

Aggettivi

G Leggi le frasi e sottolinea gli aggettivi corretti.

1. Il ragazzo è (biondo – bionda) e (bella – bello).
2. La ragazza è (bello – bella) e (intelligente – intelligenta).
3. Marco è l'insegnante di Lucia. È molto (brava – bravo).
4. Il gatto (nero – nera) dorme sul letto.
5. La sorella di Luca è (basso – bassa) e (bionda – biondo).
6. La casa dei nonni è (granda – grande).
7. Questo giardino è (piccola – piccolo).
8. Carlo è un bambino (vivacio – vivace).

H Leggi i testi e completa gli aggettivi.

Giulio è un ragazzo italian_____. Ha 28 anni, ha i capelli castan_____ e gli occhi verd_____. È alt_____ e molto carin_____. È di Bologna, ma vive a Roma e fa l'avvocato. La sua ragazza si chiama Liz, è ingles_____ di Londra e vive con lui. Lei è molto bell_____, ha i capelli biond_____ e gli occhi castan_____. È architetto ed è molto intelligent_____.

Marta è una ragazza di Firenze, è un po' bass_____, ha i capelli cort_____ e castan_____ e gli occhi azzurr_____. Sua sorella si chiama Giulia ed è una ballerina. Lei è molto magr_____ ed è abbastanza alt_____.

Perfetto! 1

A Metti in ordine alfabetico i nomi di persona.

> Ugo / Antonio / Barbara / Tiziano / Vincenzo / Tina / Carlo / Nando / Daniele / Paola / Ludovico / Ettore / Federico / Gennaro / Giovanni / Iliana / Maria / Matilde / Michele / Rachele / Emilia / Andrea / Stefania / Oreste / Vittorio

1. _____
2. _____
3. _____
4. _____
5. _____
6. _____
7. _____
8. _____
9. _____
10. _____
11. _____
12. _____
13. _____
14. _____
15. _____
16. _____
17. _____
18. _____
19. _____
20. _____
21. _____
22. _____
23. _____
24. _____
25. _____

Tot: _____ /3

B Indica, per ogni gruppo di parole, l'articolo determinativo corretto.

1. _____ uccello, armadio, amico, americano, italiano.
2. _____ paste, stanze, sedie, spagnole, canzoni.
3. _____ studenti, svedesi, yogurt, articoli, ombrelli.
4. _____ amica, autostrada, edicola, ora, aranciata.
5. _____ fratelli, libri, signori, cuscini, panini.
6. _____ zaino, zio, studio, yogurt, psicologo.

Tot: _____ /3

16 sedici

TEST 1

C Completa le frasi con gli articoli determinativi corretti.

1. _____ cane è molto grande.
2. _____ bambini sono molto vivaci.
3. _____ matita rossa non è buona.
4. _____ zaino di Giulia è nuovo.
5. _____ ombrellone è rosso e giallo.
6. _____ amici di Claudia sono simpatici.

Tot: _____ /3

D Leggi le frasi e trova gli errori: quattro articoli sono sbagliati.

1. Lo bicchieri sono tutti pieni.
2. Le forchette sono sporche.
3. La uva è molto buona.
4. I cantante è molto bravo.
5. I aerei sono stranieri.
6. La professoressa è di Padova.

Tot: _____ /3

UNITÀ 1-4

E Completa gli spazi con l'articolo indeterminativo corretto.

Maschile	Femminile
un amico	1. _____ amica
2. _____ zio	una zia
uno spagnolo	3. _____ spagnola
4. _____ signore	una signora
5. _____ psicologo	una psicologa
un insegnante	6. _____ insegnante

Tot: _____ /3

diciassette 17

F Completa le frasi con gli articoli indeterminativi corretti.

1. Giulia è _____ ragazza polacca.
2. Paolo è _____ avvocato.
3. (Al bar) _____ aranciata rossa, per favore!
4. Antonio è _____ amico di Paolo.
5. Questo è _____ studio fotografico.
6. La Traviata è _____ opera di Verdi.

Tot: _____ /3

G Collega le frasi.

1. "Volare" è una…
2. Il poliziotto è un…
3. Carla è molto bella, è una…
4. Il San Paolo è uno…
5. Marco ha uno…
6. Caterina è un'…

a. attrice bravissima.
b. mestiere pericoloso.
c. stadio italiano.
d. zaino rosso.
e. vecchia canzone.
f. modella.

1. _____ / 2 _____ / 3. _____ / 4. _____ / 5. _____ / 6. _____

Tot: _____ /3

H Leggi le frasi e completa i nomi e gli aggettivi.

1. Il bambino è molto vivac_____.
2. La donn_____ ha un vestito bianco e rosso.
3. L'insegnant_____ è molto bravo.
4. Il libro di storia è troppo noios_____.
5. Gli spagnol_____ sono molto simpatici.
6. Le studentesse sono davvero elegant_____.

Tot: _____ /3

TEST 1

I Leggi le frasi e <u>sottolinea</u> il nome e l'aggettivo corretti.

1. Gli *amiche – amici* di Carlo sono tedeschi.
2. La luce è *rosso – rossa*.
3. Le *sedie – sedia* sono qui.
4. L'automobile è *nuovo – nuova*.
5. I *maglione – maglioni* sono verdi.
6. Lo specchio è *grandi – grande*.

Tot: _____ /3

L Leggi la descrizione e completa con i nomi e gli aggettivi corretti.

> occhi / lunghi/ studentessa / bocca / verdi / simpatica

Caterina è una ragazza molto _____ e bella, ha i capelli _____ e ricci. Ha gli _____ e la _____ rossa. Lei è una _____ di lingue, studia a Bologna, ma è di Genova.

Tot: _____ /3

Calcolo punteggio

- Attività A: 5 errori = –1 punto / più di 15 errori = 0 punti
- Attività B… L: 2 errori = –1

Tot: _____ /30

diciannove 19

perfetto! 1

5 Presente Indicativo dei verbi essere e avere

A Leggi la coniugazione dei verbi *Essere* e *Avere* e guarda le immagini. Completa gli spazi con la frase corretta (non tutte le frasi), come nell'**esempio**.

Essere

io sono felice
tu sei stanco
lui è italiano
lei è spagnola
noi siamo arrabbiati
voi siete forti
loro sono tristi

a. *io sono felice*   b. _____   c. _____

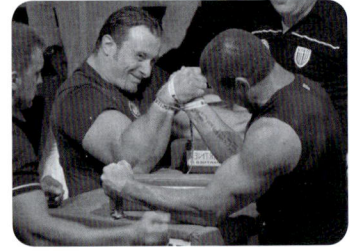

Avere

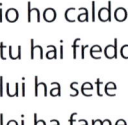

io ho caldo
tu hai freddo
lui ha sete
lei ha fame
noi abbiamo paura
voi avete sonno
loro hanno gli occhi azzurri

d. _____   e. _____   f. _____

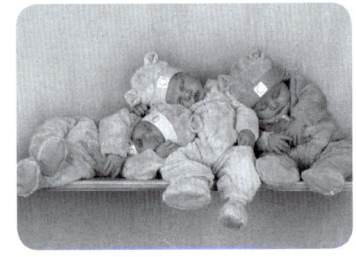

g. _____   h. _____   i. _____

B Rispondi con il verbo essere, come nell'**esempio**.

A: Che fa il signor Rossi? (medico)
B: *(Lui) È medico*.

1. A: Che fate voi? (ingegneri)
   B: _____.

2. A: Che fa la signora Lina? (dottoressa)
   B: _____.

3. A: Che fanno Claudia e Sandro?
   (impiegati di banca)
   B: _____.

4. A: Che fate voi? (avvocati)
   B: _____.

5. A: Che fa Andrea? (cameriere)
   B: _____.

6. A: Che fanno queste signore? (insegnanti)
   B: _____.

7. A: Che fanno loro? (musicisti)
   B: _____.

8. A: Che fa Lei, signor Ramazzotti? (cantante)
   B: _____.

C Scrivi una frase con il verbo corretto: *essere* o *avere*.

(Luisa – simpatico):
  Luisa è simpatica.

1. (Laura e Nino – allegro): _____.
2. (Voi – caldo): _____.
3. (Giorgio – basso e grasso): _____.
4. (Queste ragazze – fame): _____.
5. (Lei – triste): _____.
6. (Daniele – sonno): _____.
7. (Voi – giovane e bello): _____.
8. (Mia zia – tre nipoti): _____.

D Completa le domande con il verbo *essere* e le risposte con il verbo *essere* e l'aggettivo contrario corretto: *difficili, vecchia, brutto, amaro, antipatici, corta, grande, stretta* e *tristi*.

A: Com' è il quadro? Bello?
B: *No, è molto brutto.*

1. A: Com' _____ l'albergo? Piccolo?
   B: No, _____.

2. A: Com' _____ la strada? Larga?
   B: No, _____.

3. A: Com' _____ la macchina? Nuova?
   B: No, _____.

4. A: Come _____ gli esercizi? Facili?
   B: No, _____ molto _____.

5. A: Com' _____ il caffè? Dolce?
   B: No, _____ un po' _____.

6. A: Com' _____ la gonna? Lunga?
   B: No, _____.

7. A: Come _____ Giulia e Marta? Felici?
   B: No, _____.

8. A: Come _____ Paolo e Simone? Simpatici?
   B: No, _____.

5 Presente Indicativo dei verbi essere e avere

E Completa le frasi con il verbo *essere*.

1. Io _____ stanca.
2. Nino _____ un ragazzo molto simpatico.
3. Noi _____ gli amici di Luisa.
4. Lei, signorina, _____ svizzera?
5. Voi _____ studenti?
6. (Tu) _____ italiano o spagnolo?
7. I miei genitori _____ molto felici insieme.
8. Questi libri _____ difficili.

F Completate le frasi con il verbo *avere*.

1. Noi _____ un appartamento in centro.
2. Sandra _____ tanti amici su facebook.
3. Io _____ molta fretta.
4. _____ freddo, Alberto?
5. Loro _____ una bellissima villa in campagna.
6. Ragazzi, _____ il numero di telefono di Marta?
7. Carlo e Rita _____ due figli.
8. Oggi, Mario _____ mal di testa.

G Completa le frasi con il verbo corretto: *essere* o *avere*?

1. Voi _____ una Fiat bianca e rossa.
2. Che giorno _____ oggi?
3. Quanti anni _____, Maria?
4. Mio fratello _____ un ragazzo alto e _____ i capelli biondi.
5. Giulia, _____ una sorella che si chiama Lucia?
6. Queste scarpe _____ molto comode.
7. Signore, _____ il passaporto?
8. Quest'albergo _____ una bella piscina.

6 Interrogativi

prima parte

A Leggi le frasi e completa gli spazi con gli interrogativi corretti:

> Quando / Dove / Che cosa / Come / Perché / Quanti / Chi

1. _____ ti chiami?
2. _____ abiti?
3. _____ fai? Lavori o studi?
4. _____ anni hai?
5. _____ sei nato?
6. _____ studi l'italiano?
7. _____ è lui?
8. _____ vivi?

B Leggi le risposte e scrivi le domande delle frasi in *corsivo*.

A: _____ ?
B: *Mi chiamo Giulio.*

A: _____ ?
B: *Ho venticinque anni.*

A: _____ ?
B: *Sono di Roma*, ma vivo a Napoli.

A: _____ ?
B: *Lei è mia sorella.*

C Collega le domande alle *risposte*.

1. Chi sono loro?
2. Quanti anni avete?
3. Dove abitano i tuoi nonni?
4. Quante lingue parli?
5. Come si chiamano i tuoi amici?
6. Quando siete nati voi?
7. Che lavoro fai?
8. Perché sei felice?

a. A Torino.
b. Io il 4 giugno e lei il 10 giugno.
c. Due, l'inglese e il francese.
d. Lei si chiama Giulia e lui Paolo.
e. Marco e Giulio, i miei amici.
f. Perché ho tanti amici.
g. Abbiamo sedici anni.
h. Sono insegnante.

1. __e__
2. _____
3. _____
4. _____
5. _____
6. _____
7. _____
8. _____

6 Interrogativi

D Leggi e scrivi le frasi sotto la foto giusta, con lo stesso significato, come mostra l'esempio.

> Dove abiti? / **Che lavoro fai?** / Quante lingue parli? / Quando sei nato?
> / Quanti anni hai? / Perché sei triste? / Come ti chiami? / Che cosa bevi?

a. *Che lavoro fai?*

b. _____

c. _____

d. _____

e. _____

f. _____

g. _____

h. _____

7 Presente Indicativo dei verbi regolari e irregolari (1) prima parte

Verbi regolari

–are

A Completa i verbi delle frasi.

1. La signora chiam_____ un taxi.
2. Tu telefon_____ a Giorgio.
3. Loro abit_____ in un bell'appartamento.
4. Quanto cost_____ queste scarpe?
5. Voi viaggi_____ spesso?
6. Marco lavor_____ dieci ore al giorno.
7. Mentre il professore parl_____ noi ascolt_____.
8. Anche Luisa e Nino suon_____ il pianoforte.

B Leggi le frasi e prova ad indicare la persona corretta del **verbo**: *io - tu - lui, lei, Lei - noi - voi - loro*.

1. Rita, quanti giorni (_____) **resti** al mare?
2. (_____*loro*_____) **Salutano** gli amici per strada.
3. (_____) Signora, **invita** anche il dottor De Marchi alla festa?
4. (_____) **Paghiamo** tutto a rate.
5. (_____) Giulia **porta** i pantaloni, perché sono più comodi.
6. Perché non (_____) **accettate** il mio invito?
7. Mi piace Andrea Bocelli, perché (_____) **canta** molto bene.
8. (_____) **Incontro** spesso le mie amiche al bar.

–ere

A Completa i verbi in *-ere*.

1. Luisa legg_____ un romanzo francese.
2. Noi scriv_____ un messaggio ai nostri amici.
3. Loro prend_____ una settimana di vacanze.
4. Il tabaccaio vend_____ sigarette, gomme e biglietti.
5. Voi chied_____ sempre l'opinione di Giulio.
6. Perché (loro) non rispond_____ alle mie mail?
7. Per il suo compleanno, Monica ricev_____ molti regali.
8. Non conosc_____ la città, perché sono stranieri.

7 Presente Indicativo dei verbi regolari e irregolari (1)

B Leggi le frasi e prova a indicare la persona corretta del verbo: *io - tu - lui, lei, Lei - noi - voi - loro.*

1. (_____Noi_____) **Prendiamo** un caffè a colazione tutte le mattine.
2. Non (_____) **conoscete** nessuno a Pisa?
3. La mamma (_____) **mette** le magliette nel cassetto.
4. Che cosa (_____) **leggi**?
5. (Al bar) Signorina, che cosa (_____) **prende**?
6. Un attimo, (_____) **chiedo** informazioni al vigile.
7. (_____) **Vendete** prodotti biologici in questo negozio?
8. Marco, (_____) **conosci** i miei genitori?

–ire

A 1. Completa le frasi con i verbi in *-ire*.

1. Perché (voi) apr_____ quella finestra?
2. A che ora part_____ i tuoi cugini?
3. Ragazzi, sent_____ com'è bella questa canzone!
4. Tu non dorm_____ abbastanza.

2. Completa le frasi con i verbi in *-ire* (*-isc-*).

1. Io non cap_____ il tuo carattere.
2. Oggi Gabriella fin_____ la lezione un po' prima.
3. Loro costru_____ una villa in campagna.
4. Signora, prefer_____ mangiare fuori?

B Leggi le frasi e prova a indicare la persona corretta del verbo: *io - tu - lui, lei, Lei - noi - voi - loro.*

1. A che ora (_____) **finisce** la lezione?
2. Dove (_____) **dormite**?
3. Domani (_____) **spedisco** i soldi a Luca.
4. Giulio, (_____) **senti** questo rumore?
5. I miei genitori (_____) **preferiscono** andare al cinema.
6. (_____) Non **capisco** il dialetto fiorentino.
7. Marta (_____) **apre** la finestra, perché **sente** caldo.
8. Quando (_____) **partiamo** per Milano?

prima parte

Verbi in –are, –ere, –ire

A Rispondi alle domande con i verbi al Presente Indicativo.

1. A: Che cosa ascoltate? B: _____ una canzone di Giusy Ferreri.
2. A: Chi aspetti? B: _____ Mario e Claudio.
3. A: Che cosa cerca, signora? B: _____ la fermata dell'autobus.
4. A: Chi salutate tutte le mattine? B: _____ i vicini di casa.
5. A: Che cosa prendete? B: _____ un succo e un caffè.
6. A: Che cosa mangi? B: _____ un pezzo di pizza.
7. A: Quando partite per Mosca? B: _____ domani mattina presto.
8. A: Quando finite di lavorare? B: _____ alle 19:00.

Verbi irregolari

A Fare

1. Collega le frasi e completa gli spazi con la forma corretta del verbo *fare*.

   1. Giulio lavora in una farmacia.
   2. Mia madre cucina per i clienti di un ristorante.
   3. Voi lavorate in un ristorante?
   4. Marta e Giulia lavorano in un ospedale.
   5. Io lavoro in una pizzeria.
   6. Lavori in una banca?
   7. Noi lavoriamo a casa.
   8. Tu e Mattia lavorate alle poste?

   a. _____ l'impiegato?
   b. _____ le dottoresse.
   c. _Fa_ il farmacista.
   d. _____ gli impiegati?
   e. _____ il pizzaiolo.
   f. _____ le casalinghe.
   g. _____ la cuoca.
   h. _____ i camerieri?

   1. _c_ / 2. ___ / 3. ___ / 4. ___ / 5. ___ / 6. ___ / 7. ___ / 8. ___

B Stare

1. Completa i mini-dialoghi con il verbo *stare*.

   1 A: Come _____, Giulio?
   B: _____ bene, grazie! E tu?

   2 A: Come _____, Signora Rossi?
   B: Molto bene, grazie! E Lei?

   3 A: Come _____, ragazzi?
   B e C: _____ bene, grazie.

   4 A: Come _____ tuo padre, Giulio?
   B: Adesso _____ meglio, grazie.

   5 A: Come _____ i tuoi genitori, Carla?
   B: Abbastanza bene, grazie!

   6 A: Come _____, professore?
   B: Bene, grazie! E Lei?

ventisette 27

7 Presente Indicativo dei verbi regolari e irregolari (1)

2. *Essere o stare?* Leggi i mini-dialoghi e completa gli spazi con il verbo corretto.

A

Marco: Ciao, Giulio. Come _____?
Giulio: Bene, grazie. E tu?
Marco: _____ un po' stanco.

B

Paola: Salve, ragazzi, come _____ oggi?
Fabrizio e Stefania: _____ bene, grazie. E tu?
Paola: Io oggi _____ molto felice.

C

Dott. Rossi: Buongiorno signorina De Paoli, come _____ oggi?
Signorina De Paoli: _____ abbastanza bene, grazie. E Lei?
Dott. Rossi: Oggi _____ meglio anch'io, grazie.

C Andare

1. Completa con la forma corretta del verbo *andare*.

    1. Paolo _____ in farmacia.
    2. I bambini _____ a scuola.
    3. L'avvocato _____ in ufficio.
    4. Buongiorno, ragazzi! Dove _____?
    5. Non ho più soldi. Stamattina _____ in banca.
    6. Marta, dove _____ sabato?
    7. Dove (noi) _____ questo fine settimana?
    8. Non mi piace ballare. Non _____ mai in discoteca.

2. Guarda la tabella e completa le frasi con la forma corretta del verbo *andare* e con i nomi dei luoghi.

Giorni	Luca	Stefano	Paola	Giovanna
Lunedì	🛒			
Martedì		🎬	🎬	
Mercoledì		🏋️	🏋️	🏋️
Giovedì	📚			
Venerdì	🌾			🌾

1. A: Luca, dove vai il lunedì?

   Luca: _____ al _____.

2. A: Luca e Giovanna, dove andate il venerdì?

   Luca e Giovanna: _____ in _____.

3. A: Stefano e Paola, dove andate il martedì?

   Stefano e Paola: _____ al _____.

4. A: Stefano, dove vai il mercoledì?

   Stefano: _____ in _____.

5. A: Dove va Luca, il giovedì?

   B: _____ in _____.

6. A: Dove vanno Paola e Giovanna, il mercoledì?

   B: _____ in _____.

perfetto! 1

A Completa le frasi con il verbo *essere*.

1. Claudio e Marcella _____ amici da molti anni.
2. Lei _____ francese, ma vive in Italia.
3. Noi _____ studenti di economia, all'università di Torino.
4. Di dove _____ voi?
5. Marta, _____ italiana o spagnola?
6. No, io non _____ Giulio.

Tot: _____ /3

B Leggi le frasi e <u>sottolinea</u> la forma corretta del verbo *avere*.

1. Noi non *avete – abbiamo* una macchina.
2. La mia insegnante *ha – hai* trentacinque anni.
3. No, grazie. Io sto bene, non *ho – ha* fame.
4. I miei genitori *avete – hanno* una casa al mare.
5. Carla, *hai – ha* una penna, per favore?
6. Ragazze, *abbiamo – avete* il libro?

Tot: _____ /3

C Completa le descrizioni con il verbo corretto: *essere* o *avere*?

Massimo _____ un ragazzo italiano di Mantova, _____ venticinque anni e studia all'università di Milano. _____ alto, ha i capelli corti e lisci.

Paola e Stefania _____ due sorelle gemelle, di Palermo e _____ trentacinque anni. Lavorano in un negozio di abbigliamento. Hanno i capelli biondi, lunghi e ricci. Paola _____ molto timida.

Tot: _____ /3

D Completa ogni domanda con l'interrogativo corretto.

1. _____ abiti?
2. _____ si chiama tuo fratello?
3. Di _____ sei?
4. _____ sorelle hai?
5. _____ sei preoccupato?
6. _____ è Giulia?

Tot: _____ /3

TEST 2

E Leggi le domande e trova le risposte corrette.

1. Chi è questo ragazzo?
2. Dove vivi?
3. Che cosa fai nel tempo libero?
4. Perché mangi un'altra pizza?
5. Come si scrive il tuo nome?
6. Cosa mangi?

a. Un cornetto.
b. M–a–r–i–o
c. A Catania.
d. Gioco a calcio.
e. Un mio caro amico inglese.
f. Perché ho una fame da lupi.

1. _____ / 2. _____ / 3. _____ / 4. _____ / 5. _____ / 6. _____

Tot: _____ /3

F Leggi il dialogo e scrivi gli interrogativi corretti.

A: Ciao, Stefano. (1)_____ stai?
B: Bene, grazie! E tu?
A: Abbastanza bene. (2)_____ fai di bello?
B: Leggo un libro. Mi piace molto.
A: (3)_____ è l'autore?
B: Alessandro Baricco.
A: Ah, ma questo libro è bellissimo: "Novecento".
B: Sì, la storia è fantastica.
A: Lo sai che la prossima settimana danno anche il film, al cinema: *La leggenda del pianista sull'oceano*?
B: Ma davvero! (4)_____?
A: Al cinema Brandi.
B: (5)_____?
A: Lunedì prossimo.
B: Ah! Purtroppo non posso venire.
A: (6)_____?
B: Vado ad una festa di un amico.
A: Che peccato, mi dispiace! Ma possiamo andare anche martedì.
B: Perfetto. Dai, che bello!

Tot: _____ /3

UNITÀ 5-7

G Leggi le frasi e sottolinea il verbo giusto.

1. Ciao, Carlo! Come *sei – stai*?
2. Quante lingue *parlano – hanno* i tuoi amici?
3. Ragazzi, chi *pulite – pulisce* la cucina oggi?
4. Le ragazze *ascoltano – scrivono* un po' di musica in giardino.
5. Quanti caffè *hai – prendi* al giorno?
6. Io non *vado – parto* mai in ufficio in macchina.

Tot: _____ /3

H Leggi le frasi e coniuga i verbi.

1. La mamma _____ (preparare) un dolce per la mia festa di compleanno.
2. I miei genitori _____ (preferire) trascorrere le vacanze in montagna.
3. Che cosa _____ (fare), quando non lavori?
4. Ragazzi, dove _____ (andare) questo fine settimana?
5. Oggi _____ (suonare) al ristorante, per festeggiare il matrimonio dei nostri amici.
6. Perché siete qui? Che _____ (fare)?

Tot: _____ /3

I Leggi i mini-dialoghi e indica (X) il registro corretto: *formale* o *informale*?

Mini-dialoghi	Formale	Informale
1. A: Che cosa fa, signora Brandi? Lavora? B: Sono segretaria in un ufficio di avvocati.		
2. A: Che lavoro fa tuo padre, Massimo? B: È avvocato.		
3. A: Come si chiama il fratello di Paolina? B: Mh, forse Mattia. Non lo so.		
4. A: Che cosa mangia a colazione? B: Di solito, prendo un cappuccino e mangio un cornetto.		

TEST 2

5. A: Federico, lei è tua sorella? **B:** No, lei è la mia ragazza, si chiama Tiziana.		
6. A: Mi scusi, sa dov'è la professoressa De Cesari? **B:** Sì, è nell'aula F.		

Tot: _____ /3

L Leggi le descrizioni e completa gli spazi con le parole corrette: *aggettivi*, *nomi*, *verbi* o *articoli*.

1. Caterina è _____, di Madrid, ma _____ a Valencia. _____ in _____ scuola di lingue, _____ _____ insegnante d'inglese.

2. Io e Stefano _____ due student_____ di medicina, _____ insieme all'universit_____ di Napoli. Carlo e Paolo, due nostri amici, invece, sono fotografi e _____ in _____ studio fotografico.

Tot: _____ /3

Calcolo punteggio

- Attività A… l: 2 errori = –1 punto
- Attività L: 2 errori = – ½ punto

Tot: _____ /30

UNITÀ 5-7

8 Il verbo esserci

A) Completa con *c'è* o *ci sono*.

1. Che cosa _____ sulla tavola?
2. A quest'ora non _____ nessuno a casa.
3. Che cosa _____ stasera alla TV?
4. Che cosa _____ in quell'armadio?
5. _____ molte cose interessanti in quel libro?
6. In questo negozio _____ molta gente.
7. Intorno alla casa _____ un bel giardino.
8. In giardino _____ molti fiori.

B) Sottolinea il verbo corretto: *è* oppure *c'è*?

1. Che cosa *c'è / è* in questa borsa?
2. Chi *è / c'è* Marco?
3. Scusi, dov' *c'è / è* il ristorante Bella Roma?
4. Scusi, *c'è / è* un ristorante qui vicino?
5. Dov' *è / c'è* il mio libro?
6. Com'*è / c'è* bella questa poltrona!
7. *C'è / È* un gatto in giardino.
8. *È / C'è* qualcuno in casa?

C) *C'è* o *Dov'è*? Completa gli spazi con l'espressione giusta, come mostrano gli esempi.

C'è un bar qui vicino?
Dov'è il bar Del Corso?

1. _____ il ristorante "Bella Roma"?
   _____ un ristorante qui vicino?
2. _____ una spiaggia qui vicino?
   _____ la spiaggia di Tropea?
3. _____ il parcheggio dell'albergo?
   _____ un parcheggio qui vicino?
4. _____ una biblioteca qui vicino?
   _____ la biblioteca dell'università?
5. _____ la discoteca "Jolly"?
   _____ una discoteca qui vicino?
6. _____ il cinema "Verdi"?
   _____ un cinema qui vicino?

D) Leggi le frasi e guarda le immagini. Completa gli spazi con *c'è / ci sono* e i nomi degli oggetti:

comodini / letto matrimoniale / tenda / quadri / tappeto / lampade / poltrone / televisore

In questa stanza:
1. _____ un _____.
2. _____ due _____.
3. _____ una _____.
4. _____ due _____.
5. _____ un _____.
6. _____ due _____.
7. _____ tre _____.
8. _____ un _____.

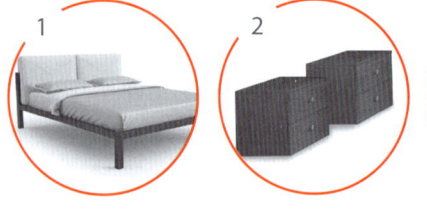
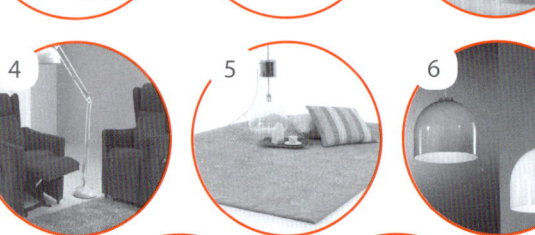

9 Preposizioni semplici e articolate (1) prima parte

A Scrivi la preposizione corretta: *a* o *in*?

1. Giulia vive ___in___ Germania.
2. Carla lavora _____ Roma.
3. Jacqueline studia _____ Francia.
4. Io e Marco andiamo _____ Londra.
5. _____ Napoli ci sono molte pizzerie buone.
6. _____ Australia si vive meglio.
7. _____ Perugia c'è un'università molto famosa.
8. Andate anche voi _____ Inghilterra?

Monaco

B 1. *Di* o *da*? Leggi le frasi e completa gli spazi con le preposizioni corrette.

1. Io sono francese, vengo _____ Parigi.
2. Tina è italiana, _____ Firenze.
3. Pablo e Marta sono spagnoli. Vengono _____ Madrid.
4. Le ragazze non sono austriache e non sono _____ Vienna.
5. Il professore parla l'italiano, ma viene _____ New York.
6. La mia ragazza parla il francese, ma è _____ Bucarest.
7. I ragazzi non parlano tedesco e non sono _____ Berlino.
8. E voi siete brasiliani? Venite _____ San Paolo?

Parigi

2. Completa gli spazi con la preposizione articolata: *da + articolo*, come mostra l'esempio.

1. Io vengo ___dalla___ Francia.
2. Giulia viene _____ Italia.
3. Pablo e Marta vengono _____ Spagna.
4. Le ragazze non vengono _____ Austria.
5. Il professore viene _____ Stati Uniti.
6. La mia ragazza viene _____ Romania.
7. I ragazzi non vengono _____ Germania.
8. Venite _____ Brasile?

trentacinque 35

perfetto! 1

9 Preposizioni semplici e articolate (1)

C 1. *A* o *per*? Collega le frasi in modo corretto e completa gli spazi con la preposizione corretta.

1. Marta e Giulia vanno a visitare il Colosseo…
2. A mio zio piace molto la Torre Eiffel…
3. I miei amici adorano la birra…
4. Mia sorella vuole visitare il Big Ben…
5. Mio padre lavora ad un progetto con un'azienda americana…
6. Il mio insegnante è canadese…
7. Io amo il cibo cinese…
8. La mia fidanzata studia il russo…

e quindi…

a. …parto _____ Pechino.
b. …partono _____ Berlino.
c. …va _____ Mosca.
d. …parte _____ Londra.
e. …va _____ Washington.
f. …va _____ Toronto.
g. …partono __per__ Roma.
h. …va _____ Parigi.

1. _g_ / 2. ____ / 3. ____ / 4. ____ / 5. ____ / 6. ____ / 7. ____ / 8. ____

2. Trasforma le frasi dell'esercizio 1, come mostra l'**esempio**.
Usa la struttura *partire + per + articolo + paese*.

1. _Marta e Giulia partono per l'Italia_.
2. Mio zio _____ Francia.
3. I miei amici _____ Germania.
4. Mia sorella _____ Inghilterra.
5. Mio padre _____ Stati Uniti.
6. Il mio insegnante _____ Canada.
7. Io _____ Cina.
8. Mia moglie _____ Russia.

D 1. Guarda le immagini e prova a completare il cruciverba con le preposizioni (a – al – allo – in) e i nomi dei luoghi.

36 trentasei

prima parte

2. Ora completa gli spazi con le preposizioni e i nomi adatti, come mostra l'esempio.

a. A Giulio piace ballare _in discoteca_.
b. I ragazzi amano vedere le partite di calcio _____.
c. A noi piace leggere _____.
d. Preferisco prendere il sole _____.
e. A loro piace molto andare _____. Amano le commedie.
f. Io adoro mangiare _____.
g. A te piace nuotare _____.
h. Guardi molti film _____?
i. Giulia adora la natura. Lei va spesso _____.
l. Faccio la spesa tutti i giorni _____.

trentasette 37

10 Presente Indicativo regolare e irregolare (2)

Verbi irregolari

A Completate le frasi con i verbi *potere*, *volere* e *dovere*.

1. Carlo, _____ venire un attimo qui? (potere)
2. Che _____ dire questa parola? (volere)
3. Silvia ed io _____ preparare due esami. (dovere)
4. Ragazzi, dove _____ andare in vacanza? (volere)
5. Roberto, _____ stare più attento. (dovere)
6. Signorina, _____ venire a Roma con me? (volere)
7. Fabio e Ornella _____ invitare anche te, al matrimonio. (volere)
8. Tutti _____ imparare questi verbi. (dovere)

B 1. Leggi la tabella e correggi i 12 errori.

Errori: ~~veniamo~~, _____, _____, _____, _____, _____, _____, _____, _____, _____, _____, _____.

Persone	DARE	VENIRE	USCIRE	BERE
io	~~veniamo~~ / do	bevo	dà	vengo
tu	dai	vieni	esci	date
lui, lei, Lei	esco	viene	vengono	beve
noi	diamo	do	usciamo	escono
voi	bevi	venite	uscite	bevete
loro	danno	esce	beviamo	bevono

2. Completa le frasi con gli 11 errori dell'esercizio B1.

1. Quando i miei figli _____ da soli, sono un po' preoccupato.
2. L'insegnante _____ il libro ad uno studente.
3. _____ anch'io al cinema con voi.
4. _____ una birra con i miei amici.
5. Noi non _____ mai la coca-cola.

A scuola

6. _____ una mano a Marta, perché l'esercizio è difficile.
7. Stasera _____ con Giulia.
8. Paolo _____ di casa alle 8:00 di mattina.
9. Io e Marco _____ da Torino.
10. I miei genitori _____ a casa nostra alle 20:00.
11. Che cosa _____ ai bambini per il mal di testa?

C Completate le frasi con i verbi *andare, venire, dire* e *uscire*.

1. Che _____ di bello il giornale?
2. Sandra, perché non _____ con noi stasera?
3. Roberto ed io _____ in montagna per il fine settimana.
4. Maria, _____ spesso da Fabio?
5. Di solito _____ (io) di casa alle otto e un quarto.
6. Domani Mirella _____ dal parrucchiere.
7. Perché (voi) non _____ più alle nostre riunioni?
8. Perché _____ (tu) le bugie?
9. Io e Nino _____ molto d' accordo.

D Completate le frasi con i verbi: *dovere, potere, volere, andare, potere, sapere, dire, venire, sapere.*

1. Di solito (io) _____ a letto a mezzanotte.
2. Maria, _____ a che ora aprono le banche?
3. Io non _____ partire prima di giovedì.
4. Che cosa _____ mangiare come primo, Claudio?
5. Voi _____ essere qui fra mezz' ora.
6. Quei turisti non _____ come andare alla Posta.
7. Questi vini _____ dalla Spagna.
8. Che cosa _____ di me tua madre?
9. Impossibile! Non _____ essere vero!

Giulia e Paolo dormono.

Verbi regolari e irregolari

A Leggi le risposte e scrivi le domande.

1. A: *A che ora finisci di studiare* ?
   B: Finisco di studiare alle 18:00.
2. A: _____ ?
   B: Cerco le mie chiavi.

10 Presente Indicativo regolare e irregolare (2)

3. A: _____?
   B: Preferisco il vino.
4. A: _____?
   B: Esco di casa alle 10:00.
5. A: _____?
   B: Parto lunedì.
6. A: _____?
   B: Questo fine settimana, esco con i miei amici.
7. A: _____?
   B: A colazione mangio dei biscotti.
8. A: _____?
   B: Preparo un piatto di spaghetti.

B Sottolinea il verbo e indica la persona del verbo: *io, tu, lui-lei-Lei, noi, voi, loro*.

1. A che ora **finite** di studiare? (_Voi_)
2. Conosci Federico Fellini? (_____)
3. Che cosa cercano? (_____)
4. Preferite il vino o la birra? (_____)
5. A che ora esci di casa? (_____)
6. Quando parte Giulia? (_____)
7. Come sta, signora Rossi? (_____)
8. Non dico mai un segreto. (_____)

C Completate le frasi con i verbi: *rimango, conosci, andiamo, piacciono, vogliono, dorme, porto, cerchiamo*.

1. Carlo e Luisa _____ comprare una moto.
2. Noi _____ una casa in affitto.
3. Tu non _____ il significato di questa parola.
4. Io _____ il cane a spasso.
5. La domenica Simonetta _____ fino alle undici.
6. Simone ed io _____ a fare quattro passi in centro.
7. A mio figlio _____ i gelati italiani.
8. Io _____ qui fino a lunedì.

prima parte

D Metti in ordine le frasi.

1. arriva / **l'aereo** / dieci / minuti / con / di / ritardo.
   L'aereo _____
2. il / ragazzo / parla / che / **Conosciamo** / con / Lisa.
   Conosciamo _____
3. **Metto** / scrivania. / i / sulla / miei / libri
   Metto _____
4. caffè / zucchero. / senza / **Preferisco** / il
   Preferisco _____
5. paghiamo / **Questa** / del / noi / il / conto / volta, / ristorante.
   Questa _____
6. giornali / **Questi** / mi / non / vecchi / servono.
   Questi _____
7. gelato. / un / **Mentre** / Gianna / cammina, / mangia
   Mentre _____
8. bussa / Luisa / una / **Mentre** / rivista, / leggo / alla / porta.
   Mentre _____

E Leggi le frasi e guarda le foto. Completa gli spazi con i verbi e le parole corrette, come nell'esempio.

*leggere un libro, fare una doccia, bere una birra, **fare colazione**, cantare una canzone, mio figlio studiare, aspettare l'autobus, la mamma stirare, inviare una mail, sorridere, ascoltare la radio, parlare al telefono, dormire, guardare la partita, **farsi la barba**, io cucinare.*

1. Mentre Rosa (a) _____fa colazione_____, Nino (b) _____si fa la barba_____.
2. Mentre Antonio (a) _____, Giorgio (b) _____.
3. Mentre _____, _____.
4. Mentre le ragazze _____, _____.
5. Giulio _____, mentre _____.
6. Mentre voi (a) _____, (b) _____.
7. Mentre _____, _____.
8. Mentre (a) _____, (b) _____.

10 Presente Indicativo regolare e irregolare (2)

F Leggi le descrizioni e completa la tabella con i verbi alla terza persona, come nell'esempio.

A Mi chiamo Luca e sono di Bologna. Ho trentacinque anni e faccio l'avvocato. Il lunedì, dopo il lavoro, **vado in palestra** e poi la sera **esco** con gli amici. Mi piacciono i film e il giovedì sera **vado** al cinema con la mia ragazza.

B Mi chiamo Mary e sono americana di Boston. Ho ventidue anni e studio alla Facoltà di Economia. Mi piace correre e, ogni sabato, **vado** al parco con il mio cane. Durante la settimana, il martedì e il venerdì **vado** a fare la spesa. Il mercoledì, **faccio** spese con le mie amiche.

C Mi chiamo Patrizia e sono italiana di Palermo. Sono sposata con Giulio e abbiamo due figli: Toni e Paola. Il lunedì, **accompagno** Paola in piscina e il venerdì, **porto** Toni a lezione di musica. Il mercoledì, **guardo** un film con mio marito, al cinema. Il sabato e la domenica, **andiamo** tutti in montagna.

Giorni	LUCA	MARY	PATRIZIA
Lunedì	Va in palestra.		
Martedì			
Mercoledì			
Giovedì			
Venerdì			
Sabato			
Domenica			

G Abbinate le due colonne per formare delle frasi.

1. Gli italiani non hanno l'abitudine…
2. I due pasti principali sono…
3. Firenze è una città piena…
4. Tutti i giovani seguono…
5. Suo marito ha un negozio…
6. Domani, è festa e mi posso alzare…
7. Nel Sud, la gente ha di solito…
8. Gli italiani bevono…

a) il pranzo e la cena.
b) i loro idoli sui social.
c) molto vino e caffè.
d) di scarpe in via Cavour.
e) più tardi del solito.
f) di mangiare molto la mattina.
g) occhi e capelli più scuri.
h) di opere d'arte.

1. _f_
2. ____
3. ____
4. ____
5. ____
6. ____
7. ____
8. ____

prima parte

H Completa le frasi con i verbi al presente, come nell'esempio.

salire / venire / spiegare / scrivere / dipingere / lavare / aprire / conservare

1. Marco _lava_ i panni con la lavatrice.
2. Queste chiavi _____ tutte le porte della casa.
3. La mia penna non _____ bene.
4. Brava, Marcella, _____ molto bene. Questi sono i tuoi quadri?
5. I ragazzi sono molto pigri, _____ sempre con l'ascensore.
6. Gli studenti _____ il significato delle parole, con l'aiuto del vocabolario.
7. La mamma cucina e _____ tutto nel frigorifero.
8. Paolo e Sara, _____ con noi all'aeroporto?

perfetto! 1

A Leggi le frasi e completa con la forma corretta del verbo *esserci*.

1. Qui, sul tavolo, _____ due penne. Di chi sono?
2. A casa di Marcella non _____ nessuno.
3. Scusi, _____ un bar qui vicino?
4. _____ troppe persone in questa stanza. Per favore, aprite la finestra!
5. La sala del cinema è piena, non _____ posti liberi.
6. Claudia, in macchina tua _____ un posto per me? Vorrei venire anch'io a teatro.

Tot: _____ /3

B Leggi le situazioni e completa le domande con le espressioni corrette: *dov'è, verbo esserci, articoli* e *nomi di luogo*. Che cosa chiedono le persone?

Situazione 1: Pina vuole mangiare un cornetto e prendere un caffè.
Pina: Scusi, _____ _____ _____ qui vicino?

Situazione 2: Claudio è a Mantova e cerca l'albergo Stella.
Claudio: Scusi, _____ _____ albergo Stella?

Situazione 3: Flavio vuole comprare delle scarpe nuove.
Flavio: Scusi, _____ dei _____ di scarpe qui vicino?

Situazione 4: Francesca conosce un teatro che si chiama "San Carlo".
Francesca: Scusi, _____ _____ teatro "San Carlo"?

Situazione 5: Fabiola vuole mangiare qualcosa di tipico e di buono, in città.
Fabiola: Scusi, _____ qualche _____ tipico qui vicino?

Situazione 6: Matteo vuole prendere un po' di sole e fare un bagno.
Matteo: Scusi _____ delle _____ libere qui vicino?

Tot: _____ /3

C Completa la descrizione con le parole corrette: *esserci* e *articoli indeterminativi*.

Nella mia stanza, _____ _____ armadio, dove metto tutti i miei vestiti, poi _____ _____ scarpiera, dove conservo tutte le mie scarpe e i miei stivali. Nei cassetti, invece _____ le mie calze e le magliette, poi _____ anche _____ stanzino dove tengo tutte le mie borse, che sono davvero tante. Vedi queste tre cappelliere? _____ almeno dieci cappelli in ognuna. Ho _____ stanza molto grande. Sembra proprio _____ negozio di abbigliamento. Mia madre dice che sembro _____ commessa, sto sempre a mettere le cose in ordine.

Tot: _____ /3

TEST 3

D Leggi le frasi e <u>sottolinea</u> la preposizione corretta.

1. Quando sono *a – di – in* Roma, vado sempre al Colosseo.
2. Vivo a Torino, ma sono *a – in – di* Napoli.
3. Domani partiamo *a – in – per* Oslo, andiamo a trovare degli amici.
4. Jack e Sara sono canadesi, vengono *in – da – a* Ottawa.
5. Jacqueline e Francine sono francesi, *a – di – per* Lille.
6. Perché andate *a – per – in* Francia?

Tot: _____ /3

E Leggi le frasi e trova le quattro preposizioni sbagliate.

1. Marta va a vedere un film a cinema.
2. A Katia piace nuotare in piscina.
3. Noi andiamo a ballare tutti i fine settimana, in discoteca.
4. Claudio e la moglie vivono a Mosca. Domani partono a la Russia.
5. Vieni da Ungheria? Perché parli l'ungherese?
6. Andate a fare la spesa a supermercato?

Tot: _____ /3

UNITÀ 8-10

F Leggi il programma della settimana di Carmen e guarda le immagini. Per ogni foto, indica se il luogo è presente o non è presente nella descrizione.

Il lunedì, Carmen va al mercato a fare la spesa e compra un po' di frutta e delle verdure. Il martedì pomeriggio, va in palestra con le sue amiche, fa un po' di ginnastica e subito dopo fa una doccia. Il mercoledì mattina, va al centro commerciale a fare spese e torna a casa sempre con tante buste. Il giovedì, va in piscina e il venerdì sera, va al cinema con le amiche. Il sabato e la domenica, va in montagna a casa dei genitori.

A. Sì / No   B. Sì / No   C. Sì / No

D. Sì / No   E. Sì / No   F. Sì / No

Tot: _____ /3

quarantacinque 45

G Leggi le frasi e completa gli spazi con i verbi *volere*, *dovere* e *potere*.

1. Scusa, ma stasera non ho la macchina, non _____ venire con voi.
2. Per partecipare al concorso, (voi) _____ firmare questi fogli.
3. Hai un po' di tempo? _____ aiutare Carlo a sistemare la sua stanza, per favore?
4. (voi) _____ venire con noi alla mostra d'arte contemporanea? È molto bella.
5. Io e Paola siamo un po' stanchi, non _____ uscire stasera.
6. Claudia, non ti preoccupare, non _____ più pagare la multa.

Tot: _____ /3

H Leggi le frasi e coniuga i verbi in parentesi.

1. Salve, ragazzi! Che cosa _____ (bere)?
2. Marco _____ (uscire) tre volte alla settimana, con la sua ragazza.
3. Non _____ (dare) mai troppa confidenza alle persone che conosco da poco.
4. _____ (rimanere) tu a casa con i bambini?
5. Mia figlia non _____ (dire) mai le bugie.
6. _____ (venire) anche noi alla conferenza di lunedì. Per voi è un problema?

Tot: _____ /3

I Collega le domande alle risposte.

1. Dove andate stasera?
2. Che cosa fai domani?
3. A che cosa serve questa chiave?
4. Chi sale con me in soffitta?
5. Sai da dove viene il nuovo insegnante?
6. Che cosa dice il telegiornale?

a. Vengo io.
b. Rimango a casa a riposare un po'.
c. Da Ancona.
d. Ad aprire la porta del bagno.
e. Parla di un nuovo attentato a Londra.
f. A ballare in discoteca.

1. _____ / 2. _____ / 3. _____ / 4. _____ / 5. _____ / 6. _____

Tot: _____ /3

46 quarantasei

TEST 3

L Leggi il testo e guarda le foto. Per ogni foto, indica se l'azione o il luogo è presente o non è presente nella descrizione.

La mattina, mi alzo alle 7:00, faccio una doccia e poi preparo la colazione. Di solito, mangio dei biscotti e bevo un succo di frutta e un caffè. Mi vesto ed esco di casa alle 8:00, prendo la macchina e vado in ufficio. Arrivo sempre in anticipo, così bevo un altro caffè e poi lavoro fino alle 13:00. Faccio una pausa di un'ora e vado a pranzo in una trattoria con i miei colleghi. Ritorno in ufficio e riprendo il lavoro fino alle 17:30. Quando torno a casa, vado in palestra e faccio un po' di esercizi. Subito dopo, faccio una doccia e vado a prendere un aperitivo con i miei amici. Di solito, rimango con loro anche per la cena, ma non sempre. Alcune volte torno a casa verso le 22:00, leggo un po' e vado a dormire verso mezzanotte.

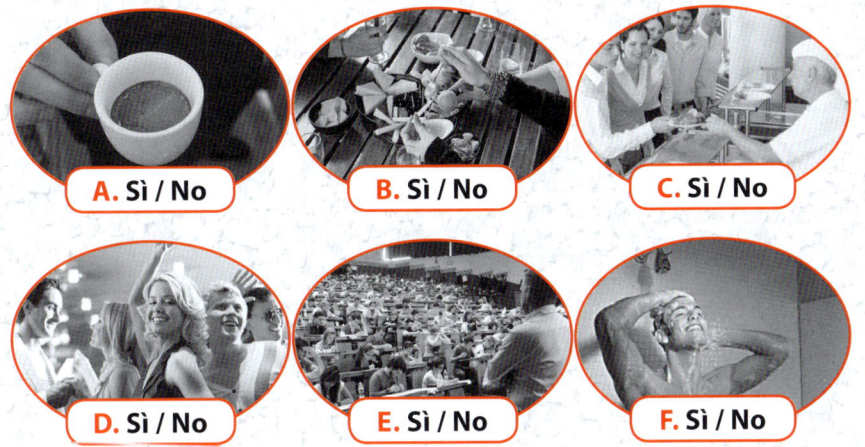

A. Sì / No **B.** Sì / No **C.** Sì / No

D. Sì / No **E.** Sì / No **F.** Sì / No

Tot: _____ /3

Calcolo punteggio

- Attività A–B: 2 errori = – 1 punto
- Attività C: 2 errori = – ½ punto
- Attività D–L: 2 errori = –1 punto

Tot: _____ /30

11 Avverbi di frequenza

A Riscrivi le frasi con l'avverbio nel posto giusto.

1. Mangio molta pasta. (Sempre)
   Mangio sempre molta pasta.
2. Beve il vino. (non… mai)
   _____
3. Andiamo a correre al parco. (spesso)
   _____
4. Mi alzo molto presto la mattina. (di solito)
   _____
5. Andate a fare la spesa? (qualche volta)
   _____
6. Vanno a teatro. (raramente)
   _____
7. Guardiamo la tv a casa. (non… mai)
   _____
8. Studiamo in biblioteca. (sempre)
   _____

B Metti in ordine le frasi con gli avverbi.

1. tè – prendo – colazione. – mai – il – Non – a
2. prima –spesso – la –di – Guardo – tv, –andare – a – letto.
3. la – svegliano – sempre – mattina. – Si – presto, – molto
4. andiamo – il – sera. – a – Raramente –ballare – sabato
5. solito – in – montagna. – vanno – Di – in – vacanza,
6. volta – con – amici?– uscite – Qualche – i – vostri
7. I – vengono – casa nostra. – spesso – nonni – a
8. la –Raramente – pizza – surgelata. – mangiamo

C Ogni settimana, Marcella ripete le stesse cose. Segui la tabella e prova a formare cinque frasi, come nell'esempio.

	1 Al cinema	**2** In palestra	**3** A fare la spesa	**4** Cucinare	**5** A ballare
Lunedì		✔		✔	
Martedì	✔		✔	✔	
Mercoledì		✔		✔	
Giovedì				✔	
Venerdì		✔		✔	
Sabato			✔	✔	
Domenica				✔	

48   quarantotto

prima parte

Marcella → non va / cucina / va

sempre! / spesso / a fare la spesa / al cinema / mai

una volta alla settimana. / in palestra. / due volte alla settimana. / a ballare.

1. Marcella va _____.
2. _____.
3. _____.
4. _____.
5. _____.

D Scrivi una frase al Presente Indicativo con gli avverbi di frequenza, come nell'esempio. Attenzione! Le parole sono già in ordine. Devi aggiungere anche altre parole: *articoli, preposizioni*...

1. (noi) non – giocare – mai – calcio.
   Non giochiamo mai a calcio.

2. (tu) – guardare – sempre – tv?
   _____.

3. ragazzi – spesso – uscire – insieme.
   _____.

4. qualche volta – (lei) – prendere – aperitivo – Bar del Corso.
   _____.

5. di solito – (lui) – bere – caffè – mangiare – cornetto – colazione.
   _____.

6. raramente – (loro) – andare – montagna.
   _____.

7. non – (voi) – venire – mai – teatro – noi.
   _____.

8. Luca – qualche volta – cenare – casa – Giulia.
   _____.

12 I possessivi

A Completa la tabella come mostra l'esempio.

> i tuoi libri / la vostra borsa / la Sua borsa / i vostri libri / il nostro libro / il loro libro / il mio libro / le sue / le loro borse / le nostre borse

Persone	Maschile Singolare	Maschile Plurale	Femminile Singolare	Femminile Plurale
io	1. *il mio libro*	i miei libri	la mia borsa	le mie borse
tu	il tuo libro	4. _____	la tua borsa	le tue borse
lui, lei / Lei	il suo / il Suo libro	i suoi / i Suoi libri	la sua / 6. _____	8. _____ / le Sue borse
noi	2. _____	i nostri libri	la nostra borsa	9. _____
voi	il vostro libro	5. _____	7. _____	le vostre borse
loro	3. _____	i loro libri	la loro borsa	10. _____

B Sostituisci la parte sottolineata con l'articolo e il possessivo corretto, come mostra l'esempio.

<u>Noi abbiamo un</u> appartamento. *Il nostro* appartamento è molto accogliente.

1. <u>Io ho due</u> amici. _____ amici sono di Padova.
2. <u>Luciano ha una</u> moto. _____ moto è una Gilera.
3. <u>Loro hanno un</u> giardino. _____ giardino è pieno di fiori.
4. <u>Quella signora ha un</u> cappello. _____ cappello è molto elegante.
5. <u>Voi avete un</u> cane. _____ cane si chiama Fido?
6. <u>Paolo ha una</u> fidanzata. _____ fidanzata è molto carina.
7. <u>Tu hai una</u> chitarra. _____ chitarra è molto bella.
8. <u>Noi abbiamo due</u> macchine. _____ macchine sono molto veloci.

prima parte

C Guarda le immagini e completa le frasi con l'aggettivo possessivo e i nomi corretti, come mostrano gli esempi. Attenzione alla persona: Giulia (lei), Io...

1. **Giulia:**
   a. _La sua macchina_ è molto veloce.
   b. _____ è molto elegante.
   c. _____ sono sportive.

2. **Io:**
   a. _I miei cappelli_ sono tanti.
   b. _____ sono rossi.
   c. _____ è nuova.

3. **Io e Carla:**
   a. _____ si chiama René.
   b. _____ è molto grande.
   c. _____ sono molto vivaci.

4. **Tu:**
   a. _____ sono molto curate.
   b. _____ sono abbastanza lunghe.
   c. _____ sono verdi?

5. **Tu e Marta:**
   a. _____ sono vecchi.
   b. _____ sono colorate.
   c. _____ è interessante.

D Riscrivi le frasi con il possessivo formale Suo, come l'esempio.

Carla, dov'è la tua macchina?	Signorina, _dov'è la Sua macchina_ ?
1. Luisa, il tuo vestito è molto elegante.	Signorina, _____ .
2. Paola, i tuoi amici sono davvero simpatici.	Signorina, _____ .
3. Stefania, come passi le tue giornate?	Signorina, _____ ?
4. Claudia, il tuo ufficio è lontano da qui?	Signorina, _____ ?
5. Maria, il tuo paese è bello?	Signorina, _____ ?
6. Caterina, chi è il tuo fidanzato?	Signorina, _____ ?

12 I possessivi

E Rispondi alle domande con il pronome possessivo, come mostra l'esempio.

A: *È del professore quella macchina?*   B: ___Sì, è (la) sua___.

1. A: È tuo l'ombrello rosso?   B: No, non _____.
2. A: Sono di Nino le scarpe marroni?   B: Sì, _____.
3. A: Sono della signora i guanti bianchi?   B: Sì, _____.
4. A: Sono vostri gli impermeabili grigi?   B: No, non _____.
5. A: Sono tuoi gli occhiali verdi?   B: Sì, _____.
6. A: Sono di Giulia i cd sul tavolo?   B: No, non _____.

F Sostituisci la parte <u>sottolineata</u> con l'aggettivo possessivo e la parte in **nero** con il pronome possessivo e metti insieme le due frasi, come mostra l'esempio. Attenzione! Devi usare anche il verbo essere.

<u>Marta ha una</u> macchina rossa. – **Io ho una macchina** grigia.

• ___La sua macchina è rossa, la mia invece è grigia.___

1. <u>Io e Giulio abbiamo un</u> giardino grande. – **Tu e Paola avete un giardino** piccolo.

   • _____.

2. <u>Tu hai una</u> casa nuova. – **Giulia e Carla hanno una casa** vecchia.

   • _____.

3. <u>Io ho una</u> fidanzata simpatica. – **Stefano ha una fidanzata** antipatica.

   • _____.

4. <u>Marta e Pina hanno un</u> cane bianco. – **Io ho un cane** nero.

   • _____.

5. <u>Carla ha un</u> amico inglese. – **Tu hai un amico** portoghese.

   • _____.

6. <u>Tu e Carla avete un</u> amico inglese – **Paola ha un amico** svedese.

   • _____.

G La famiglia. Chi è?
Completa gli spazi con i possessivi e con i nomi di parentela, come mostra l'esempio.

La figlia di (io) ___mia___ zia è (io) ___mia cugina___

1. Il papà di (noi) _____ padre è (noi) _____.
2. La sorella di (tu) _____ madre è (tu) _____.
3. Il padre di (lui) _____ cugino è (lui) _____.
4. Il suocero di (io) _____ marito è (io) _____.
5. La suocera di (voi) _____ madre è (voi) _____.
6. Il figlio di (lei) _____ padre è (lei) _____.

52 cinquantadue

prima parte

H Completa gli spazi con il possessivo corretto.

A: Questa è una foto **della mia** famiglia.
B: Chi è questa signora bionda?
A: È _____ (1) zia Antonella, la sorella di _____ (2) madre.
B: È sposata?
A: Sì! Ha anche tre figli. Il figlio maggiore, _____ (3) cugino Roberto, è medico.
B: E il signore a sinistra chi è?
A: È _____ (4) nonno Francesco, il padre di _____ (5) padre. A destra c'è _____ (6) moglie, _____ (7) nonna.
B: Sono questi i _____ (8) fratelli?
A: Sì, quello alto è _____ (9) fratello Gianni e la ragazzina con i capelli rossi è _____ (10) sorella.
B: Chi sono questi bambini?
A: Sono i _____ (11) nipoti.

I 1. Andrea descrive la sua famiglia. Leggi i testi e segui l'albero genealogico. Completa gli spazi con i nomi delle persone.

```
                    Antonio          Angela
                        \            /
                         \          /
           Claudia   Stefano      Roberto    Caterina
                 \  /          Giovanni  Paola       \  /
                  \/              \  /                \/
              Giulia  Io (Andrea)                 Fatima  Carlo
```

Mio nonno si chiama _____ (1) ed è sposato con mia nonna _____ (2). I miei nonni hanno tre figli: mio padre _____ (3), mia zia _____ (4) e mio zio _____ (5). Mia madre si chiama _____ (6) e mia sorella _____ (7). Mio zio _____ (8) è sposato con mia zia _____ (9) ed hanno due figli: _____ (10) e _____ (11), i miei cugini. Mia zia _____ (12) non è ancora sposata, ma ha un fidanzato che si chiama _____ (13).

2. Controlla l'albero genealogico e rispondi alle domande con i possessivi e i nomi di parentela, come mostra l'**esempio**. Attenzione all'articolo!

1. Come si chiama il nonno di Andrea?   *Suo nonno si chiama Antonio*.
2. La nonna di Fatima e Carlo è Caterina?   _____.
3. I genitori di Giulia e Andrea sono Roberto e Caterina?   _____.
4. Chi sono i figli di Roberto?   _____.
5. Come si chiama la cognata di Stefano?   _____.
6. Gli zii di Fatima e Carlo sono Giulia e Andrea?   _____.

13 I dimostrativi

A Guarda le immagini e completa gli spazi che corrispondono alle foto del gruppo "Quello lì!", con il dimostrativo *Quello* e gli spazi che corrispondono alle foto del gruppo "Questo qui!", con il dimostrativo *Questo*.

a. _Questo_ stadio
b. _____ porta
c. _____ libro
d. _____ armadio
e. _____ caffè
f. _____ fotografia

g. _____ ufficio
h. _____ casa
i. _____ elicottero
l. _____ stella
m. _____ edicola
n. _____ automobile

B Ora, per ogni parola al plurale dell'attività A, completa con il dimostrativo corretto, come mostra l'*esempio*.

a. _Questi_ stadi
b. _____ porte
c. _____ libri
d. _____ armadi
e. _____ caffè
f. _____ fotografie

g. _____ uffici
h. _____ case
i. _____ elicotteri
l. _____ stelle
m. _____ edicole
n. _____ automobili

prima parte

C Metti in ordine le frasi e poi indica, per ogni frase, la forma giusta di Quello, come mostra l'esempio.

Quell'
Quella
Quel
Quell'
Quel
Quello

a. è – bravo.– bambino –molto
   bambino è molto bravo
b. piace. – ragazzo – mi – non
   _____
c. è – uovo – rotto.
   _____
d. è – stadio – famoso. – molto
   _____
e. bella. – è – bandiera – molto
   _____
f. francese. – automobile – è
   _____

D Forma delle frasi come l'esempio.

Questo	stanza	è interessante.
Questo	specchio	è abbastanza noioso.
Questa	libro	è veloce.
Questa	automobile	è troppo piccolo.
Quest'	storia	è rotto.
Quest'	ufficio	mi piace.

1. *Questa stanza mi piace.*
2. _____
3. _____
4. _____
5. _____
6. _____

E Per ogni frase, <u>sottolinea</u> il dimostrativo con il nome e scrivi nello spazio il singolare o il plurale corretto, come mostra l'esempio.

1. Di chi sono <u>**questi fogli**</u> bianchi?   *questo foglio*
2. Mi passi quegli zaini verdi?   _____
3. Da dove vengono quei turisti?   _____
4. Quella statua viene dalla Grecia.   _____
5. Quell'uomo è un criminale molto pericoloso.   _____
6. Quei posti sono liberi.   _____
7. Queste ragazze parlano troppo.   _____
8. Quegli orologi sono svizzeri.   _____

13 I dimostrativi

I pronomi dimostrativi

A Completa le tabelle con le frasi corrette.

> I tuoi zaini sono quelli. / I miei giocattoli sono questi. / Il mio diario è questo. / La mia idea è questa. / La mia edicola è quella. / Il vostro cane è quello. / Il mio armadio è quello.

Questo (maschile)

Aggettivo	Pronome
Questo *diario* è mio.	Il mio *diario* è questo.
Quest'*armadio* è tuo.	Il tuo *armadio* è questo.
Questi *giocattoli* sono miei.	I miei *giocattoli* sono questi.

Questa (femminile)

Aggettivo	Pronome
Questa *stanza* è tua?	La tua *stanza* è questa?
Quest'*idea* è mia.	La mia *idea* è questa.
Queste *carte* sono sue.	Le sue *carte* sono queste.

Quello (maschile)

Aggettivo	Pronome
Quel *cane* è vostro?	Il vostro *cane* è quello?
Quello *zaino* è tuo?	Il tuo *zaino* è quello?
Quell'*armadio* è mio.	Il mio *armadio* è quello.
Quei *cani* sono vostri?	I vostri *cani* sono quelli?
Quegli *zaini* sono tuoi?	I tuoi *zaini* sono quelli?
Quegli *armadi* sono miei.	I miei *armadi* sono quelli.

Quella (femminile)

Aggettivo	Pronome
Quella *macchina* è sua?	La sua *macchina* è quella.
Quell'*edicola* è mia.	La mia *edicola* è quella.
Quelle *motociclette* sono sue?	Le sue *motociclette* sono quelle.

prima parte

B Rispondi alle domande con le forme corrette dei pronomi dimostrativi *Questo* e *Quello*, come mostrano gli esempi.

A: Questa macchina è di Carlo?
B: *La macchina di Carlo non è **questa**. È quella!*
A: Questo zaino è di Lucia?
B: _____.
A: Queste sedie sono dei nonni?
B: _____.
A: Questi maglioni sono di Giulia?
B: _____.
A: Quegli zoccoli sono di Paola?
D: *Gli zoccoli di Paola non sono **quelli**. Sono questi!*
A: Quell'aranciata è della segretaria?
B: _____.
A: Quell'agenda è di tuo padre?
B: _____.
A: Quei pantaloni sono tuoi?
B: _____.

C Leggi le frasi e completa con il <u>pronome dimostrativo</u> contrario all'aggettivo, come mostra l'esempio.

1. **Questa** stampante non funziona bene.   Puoi usare *quella*.
2. **Quella** penna non scrive bene.   Puoi prendere _____.
3. **Queste** scarpe sono vecchie.   Puoi mettere _____.
4. **Quello** zaino non mi piace.   Vorrei comprare _____.
5. **Quegli** stivali sono troppo piccoli.   Prendo _____.
6. **Questa** spugna e sporca.   Perché non prendi _____?
7. **Quest'**armadio è troppo piccolo.   Preferisco usare _____.
8. **Quest'**aranciata è troppo amara.   Bevo _____.

arance

zaino

penna

perfetto! 1

A Leggi il testo e completa gli spazi con l'espressione corretta.

> di solito mangiamo / raramente rimango / non bevo mai / spesso esco
> / guido sempre / qualche volta andiamo

Il sabato sera _____ con un gruppo di amici. _____ qualcosa insieme in una trattoria o in una pizzeria e _____ anche a ballare. _____ io la macchina e quindi _____ alcolici quando esco con loro. _____ a casa, ma quando succede, preferisco rilassarmi un po' e leggere qualche libro.

Tot: _____ /3

B Collega le frasi.

1. Non compro mai la pizza surgelata…
2. Spesso studiamo in biblioteca…
3. Qualche volta, Fausto va in piscina…
4. Raramente vado a fare la spesa…
5. Di solito, i miei amici bevono molto…,
6. I miei genitori vanno sempre a teatro…

a. quando andiamo al ristorante.
b. a vedere qualche commedia.
c. al mercato.
d. perché ci concentriamo meglio.
e. a nuotare un po'.
f. perché preferisco andare in pizzeria.

1._____ / 2._____ / 3._____ / 4._____ / 5._____ / 6._____

Tot: _____ /3

C Leggi le frasi e trova i tre errori.

1. Non bevi mai il caffè a colazione?
2. Qualche preferisco volta fare la pizza a casa, invece di andare in pizzeria.
3. Spesso Claudia va a casa mia a studiare, quando dobbiamo prepararci per un test o un esame.
4. Dici sempre che vuoi uscire con noi, ma non vieni mai.
5. Raramente salgo a piedi, preferisco prendere l'ascensore.
6. Prendo di solito l'autobus per andare al lavoro.

Tot: _____ /3

D Leggi e completa i mini-dialoghi con il possessivo corretto.

1. A: I tuoi occhiali sono quelli da sole?
   B: No, i _____ sono quelli bianchi, da vista.

TEST 4

2. A: Le _____ magliette sono quelle con il logo rosso?

   B: No, le nostre sono quelle senza logo.

3. A: Il libro di Paolo è quello con la copertina bianca?

   B: No, quello è il mio, il _____ è quello verde.

4. A: La Sua borsa, signora, è questa nera?

   B: No, la _____ borsa è quella marrone.

5. A: Sono queste le loro foto?

   B: No, le _____ sono quelle sul tavolino.

6. A: Le mie valigie sono ancora nella reception?

   B: No, le _____ sono qui nella stanza.

   Tot: _____ /3

E Leggi il dialogo e sostituisci la parte in parentesi con il possessivo e il nome di parentela corretti.

A: Chi è questa signora con gli occhiali?

B: È *(1. la mamma di mia madre)* _____.

A: E questo bambino accanto a tua madre?

B: È *(2. il fratello di mia madre)* _____.

A: E *(3. il padre di tua madre)* _____ dov'è?

B: È questo qui seduto.

A: E questa ragazza con i capelli lunghi e ricci chi è?

B: È *(4. la sorella di mia madre)* _____.

A: E questa bambina così piccola?

B: È *(5. la figlia della sorella di mia madre)* _____ Caterina.

A: E questo ragazzino con i pantaloncini corti?

B: È *(6. il figlio del fratello di mia madre)*. _____.

Tot: _____ /3

UNITÀ 11-13

F Leggi il testo e completa le risposte.

Mi chiamo Alberto e sono sposato con Federica. Siamo di Pisa, ma viviamo da diversi anni a Napoli, dove io faccio il cuoco in un ristorante e Federica fa la traduttrice online ed è spesso a casa con i bambini. Abbiamo tre bambini: Giulio di 9 anni, Patrizia di 6 anni e poi c'è il più piccolo, Matteo.

Alberto risponde a delle domande in prima persona.

1. Alberto, chi è Federica? _____.
2. Chi è Patrizia? _____.
3. Chi sono Giulio e Matteo? _____.

cinquantanove 59

perfetto! 1

4. Federica lavora? _____.
5. E tu che lavoro fai? _____.
6. Chi è il maggiore? _____.

Tot: _____ /3

G Leggi e collega le frasi.

1. Quella ragazza è la fidanzata
2. Questi occhiali sono rotti,
3. Sta piovendo, metti quegli stivali,
4. Devo comprare un altro armadio,
5. I miei guanti sono quelli di pelle,
6. Devo comprare dei calzini nuovi,

a. non questi di cotone.
b. non mi servono più.
c. questi sono tutti bucati.
d. così non ti bagni i piedi.
e. di un mio caro amico.
f. questo ormai è troppo pieno.

1. _____ / 2. _____ / 3. _____ / 4. _____ / 5. _____ / 6. _____

Tot: _____ /3

H Completa gli spazi (a) con la forma corretta del dimostrativo questo e gli spazi (b) con la forma corretta del dimostrativo quello.

1. (a) _____ ragazzi vengono dal Venezuela e (b) _____, invece, vengono dalla Colombia.
2. (a) _____ studio non mi piace. Preferisco (b) _____ in fondo al corridoio.
3. (a) _____ acqua non è buona. Meglio se beviamo (b) _____ nelle bottiglie.
4. (a) _____ finestre sono di legno. Meglio se mettiamo (b) _____ in alluminio.
5. (a) _____ ombrello è troppo piccolo. Prendo (b) _____ più grande.
6. (a) _____ specchi sono troppo vecchi. Compro (b) _____ lì che sono più moderni.

Tot: _____ /6

I Leggi il dialogo e completa gli spazi con le parole corrette.

c'è / gioco / la / devo / faccio / ci sono / un / sempre / pago / questa / dico / posso

A: In _____ casa, _____ sempre qualcosa da riparare. Il televisore si rompe? E io aggiusto il televisore. _____ lavatrice non funziona? _____ chiamare il tecnico. Quando bisogna comprare qualcosa, magari _____ nuovo telefonino: "Mamma, mi dai i soldi per il cellulare nuovo?". E io _____ il telefonino nuovo. Poi _____ anche le multe, le tasse, ma io mi domando e _____ : " _____ passare una vita intera a pagare tasse,

TEST 4

multe e cose da aggiustare?". Sono anche sfortunata al gioco. Quando _____ qualche soldo, perdo _____. Basta, da domani cambio vita.

B: Mamma, mi dai i soldi per fare spese?

A: I soldi sono finiti.

B: Come finiti? E io come _____ shopping?

A: Niente shopping! Ti fa male.

Tot: _____ /3

Calcolo punteggio

- Attività A… H: 2 errori = –1 punto
- Attività I: 2 errori = – ½ punto

Tot: _____ /30

A Leggi il testo e completa gli spazi con le parole corrette.

Ciao, io mi chiamo Stephan e _____ dalla Germania, sono tedesco _____ Monaco. Vivo _____ Firenze da otto anni, _____ ingegnere meccanico e lavoro in _____ azienda di motori industriali. _____ sposato con Marcella, lei è italiana e _____ l'avvocato. Abbiamo _____ figli: la più grande si chiama Anna e _____ 6 anni, il più piccolo, Mark, è un maschio e _____ 4 anni. I miei figli _____ bene l'italiano e capiscono molto bene anche _____ tedesco. Quando io e _____ moglie non lavoriamo, passiamo molto tempo con i _____ figli: andiamo in giro per la città, _____ cinema e facciamo anche _____ po' di sport.

Tot: _____ /8

B Leggi il dialogo formale e completa gli spazi.

A: Buongiorno, signor Matthew!
B: Buongiorno, signor Rossi. Come _____?
A: Abbastanza bene! E _____?
B: Non c'è male.
A: Le _____ l'ingegnere De Caroli.
B: Piacere!
C: Piacere mio!
A: Vi preparo un caffè?
B: Sì, grazie mille!
C: Volentieri!
A: Arrivo subito.
C: Lei non è italian_____?
B: No, sono ingles_____, di Londra.
C: Complimenti! Parla molto bene la nostra lingua. Che cosa _____ qui?
B: Faccio l'architetto e collaboro con l'azienda del signor Rossi.
C: Ah bene.
A: Ecco, i vostri caffè!
B: Grazie!
C: Molto gentile!
A: Allora, vorrei parlarvi di un progetto importante.
…

Tot: _____ /3

TEST FINALE

C Leggi i testi e indica, per ogni descrizione, le foto corrette. Attenzione agli intrusi!

1. Claudio cura i denti cariati, fa il dentista. (_____)
2. Marcella ha mal di schiena. (_____)
3. Stella è segretaria, scrive e-mail e risponde al telefono. (_____)
4. Quando Carmine non sa cosa preparare per la cena, fa la pizza al forno. (_____)
5. Giulia lavora spesso in tribunale e segue molte cause. Fa l'avvocato. (_____)
6. Mario cura i malati e lavora in ospedale. È medico. (_____)

Tot: _____ /3

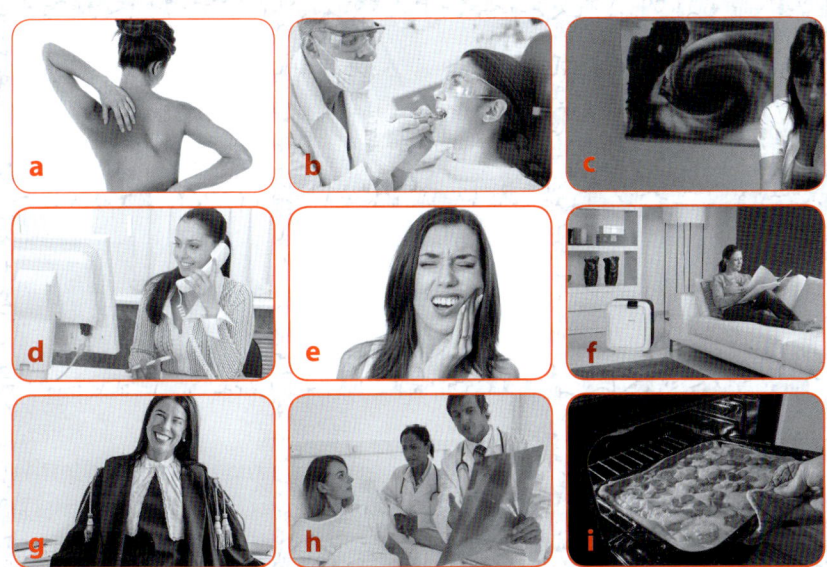

D Collega le frasi. Attenzione agli intrusi!

1. Questo zaino è troppo piccolo e non va bene.
2. Il nostro computer non funziona bene.
3. Gli studenti della professoressa Marta sono molto bravi.
4. Mio marito non ascolta mai quello che dico.
5. I miei nonni arrivano stasera dal Brasile.
6. Quegli stivali non sono miei. I miei sono questi.

a. Hanno dei buoni voti.
b. Voglio passare un po' di tempo con loro.
c. Stasera vado a ballare.
d. Devono studiare di più.
e. Io ho molte cose da portare in viaggio.
f. Non ama la musica.
g. Dobbiamo chiamare il tecnico.
h. Forse quelli sono di mia sorella.
i. Fa sempre quello che vuole lui.

1. _____ / 2. _____ / 3. _____ / 4. _____ / 5. _____ / 6. _____

Tot: _____ /3

sessantatré

TEST FINALE

E Leggi e collega le frasi. Attenzione agli intrusi!

1. Giulio e Marcella vanno a ballare in…
2. Carlo parte per…
3. I miei genitori partono per la
4. Vivo a Roma, ma vengo dall'…
5. Sono inglesi, vengono dall'…
6. Amiamo il calcio, andiamo spesso allo…

a. Napoli.
b. Australia.
c. stadio.
d. montagna.
e. Germania.
f. discoteca.
g. Inghilterra.
h. pizzeria

1. _____ / 2. _____ / 3. _____ / 4. _____ / 5. _____ / 6. _____

Tot: _____ /3

F Leggi la descrizione e indica se le affermazioni sono vere o false.

La famiglia De Simone, la mattina, esce molto presto. Fanno colazione alle 7:00 del mattino, tutti insieme. Il marito esce di casa, accompagna a scuola il figlio più grande, Giovanni, e poi va in ufficio. La moglie, invece, esce dieci minuti dopo e accompagna la figlia all'asilo, poi lei va al supermercato a fare la spesa. Quando la signora torna a casa, pulisce le stanze e mette tutto in ordine. Verso le 11:30 comincia a preparare il pranzo. Alle 13:00 va a prendere la più piccola all'asilo e insieme ritornano a casa. Suo marito, per il pranzo, mangia alla tavola calda. Anche il figlio Giovanni pranza a scuola e rimane lì, fino alle 17:00, poi torna a casa con suo padre, quando finisce di lavorare. Per la cena sono tutti a casa, mangiano tutti insieme e poi, dopo cena, mentre i genitori puliscono la cucina, i figli guardano la tv, oppure giocano con il tablet. Poi vanno tutti in soggiorno e guardano qualche film. Alle 23:00, la signora accompagna i bambini a letto e il marito rimane ancora un po' sul divano a guardare la tv o a leggere un libro. Dopo qualche minuto, i signori De Simone vanno anche loro a letto, ma la signora ascolta un po' di musica prima di dormire, per rilassare un po' la mente. Dice che fa bene alla salute.

Vero o falso?

1. La signora De Simone fa la casalinga. Vero Falso
2. I figli non vanno a scuola da soli. Vero Falso
3. Giovanni e il papà non tornano a casa, per il pranzo. Vero Falso
4. La signora De Simone e la figlia pranzano insieme, a casa. Vero Falso
5. Dopo cena, i bambini fanno i compiti. Vero Falso
6. I signori De Simone accompagnano i figli a dormire. Vero Falso
7. La signora De Simone preferisce leggere qualcosa, prima di andare a dormire. Vero Falso

Tot: _____ /7

Calcolo punteggio

- Attività A–B–D–E: 2 errori = –1
- Attività C–F: 1 errore = –1

Tot: _____ /30

64 sessantaquattro

perfetto! 1

SECONDA PARTE

14 I Verbi riflessivi

A Leggi e completa la seconda tabella con i verbi riflessivi *pettinarsi* e *vestirsi*.

Persone	Alzarsi	Sedersi	Sentirsi	Persone	Pettinarsi	Vestirsi
io	mi alzo	mi siedo	mi sento	io		
tu	ti alzi	ti siedi	ti senti	tu		
lui, lei, Lei	si alza	si siede	si sente	lui, lei, Lei		
noi	ci alziamo	ci sediamo	ci sentiamo	noi		
voi	vi alzate	vi sedete	vi sentite	voi		
loro	si alzano	si siedono	si sentono	loro		

B Trova nel crucipuzzle la voce verbale che corrisponde alle persone, come mostra l'esempio.

```
W V I S E N T I T E X H H Q R V B
T Z I V R M P Q S Q Y C E O S E H
R S W B A T I B N M A Q F F N N C
T T F G I J H A A H L B S U B Q F
F H C K A V O Z L N O W H S A N J
X W I P Y R U A T Z X M X T U S K
H T L S D A L U G G O S N C N L D
Y S A I M G J X P C C E C Y A M K
E I V V Y S D Y C K M B X T Q Q B
D S I E N J X E F R Z V V K Y Z Q
B P A S Q Y X B O R H Z D Z R W H
X L M T X H D D T I S P O G L I Y
C M O O A Q D B C M E R Z L I Z D
J X Q N I A Q G P G K I D J V S H
H Y E O I O P P J B C W U Z T G E
R L P S L X Q Q O Q K Y X P B V N
V E Q V Z W R G B S T D N X G O W
```

Noi   ci laviamo
Tu   _____
Voi   _____
Io   _____
Loro _____
Lei   _____

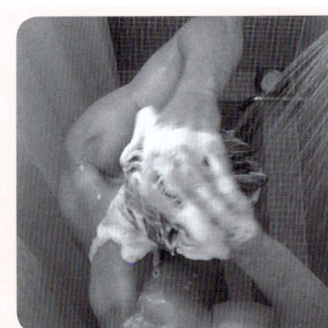

C Collega ad ogni frase la particella riflessiva, come mostra l'esempio.

Ci...
Si...
Ti...
Si...
Mi...
Vi...
Ti...
Mi...

1. _____ sento bene stamattina.
2. _____ addormenti in fretta quando sei stanco.
3. _____ sveglia molto presto al mattino.
4. __Ci__ pettiniamo per bene.
5. _____ sentite stanchi?
6. _____ spogliano e poi vanno a letto.
7. _____ bagno un po' il viso.
8. _____ lavi le mani, prima di venire a tavola?

66 sessantasei

seconda parte

D 1. Leggi la giornata di Paola, Giulio e Stefano e <u>sottolinea</u> solo i verbi riflessivi.

Paola
La mattina <u>**mi sveglio**</u> alle 6:00 e mi alzo alle 6:15. Mi faccio una doccia, faccio colazione, poi mi lavo i denti e mi vesto. Esco di casa alle 7:45, prendo l'autobus delle 8:00 e arrivo in ufficio alle 8:30. Prendo un altro caffè con i colleghi e poi comincio a lavorare.

Giulio e Stefano
La mattina ci svegliamo alle 10.00 e ci alziamo alle 10:30. Beviamo un caffè e facciamo colazione. Poi ci facciamo la barba e ci laviamo. Alle 11:00 ci vestiamo e andiamo in palestra. Alle 12:30 andiamo a fare la spesa e quando torniamo a casa, cuciniamo e prepariamo il pranzo. Alle 13:45 usciamo di casa e andiamo a lavorare.

2. Ora descrivi che cosa fanno Paola, Giulio e Stefano.

Paola, la mattina, si sveglia _____

Giulio e Stefano _____

E Verbi riflessivi e non

Guarda le immagini e prova a completare le frasi con il verbo corretto.

alzano / veste / si alza / si veste / asciuga / **si pettina** / pettina / si asciuga

1. Giulia ___si pettina___ i capelli.
2. La mamma _____ i capelli di Paolo.
3. La signora _____ dalla sedia.
4. I bambini _____ le mani.
5. Claudio _____ .
6. La mamma _____ suo figlio.
7. Carla _____ i capelli.
8. Carla _____ il pelo del cane.

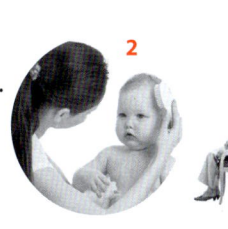

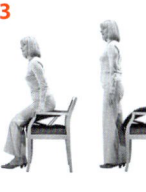

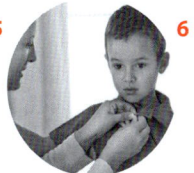

15 Preposizioni semplici e articolate (2)

A Mezzi di trasporto

In oppure *con + articolo*? Guarda le immagini e prova a completare come mostra l'*esempio*.

1. Preferisci andare ___in treno___ o ___con la macchina___ di Giulio?
2. Marco, tu viaggi sempre _____?
3. Parti _____ delle sei o _____ delle otto?
4. Veniamo a casa tua _____ di Gustavo.
5. Quando fa bel tempo, vado al parco _____.
6. Vado a lavorare _____ e ritorno a casa _____ delle 18:00.

B Luoghi

In oppure *a*? Collega le frasi in modo corretto e completa gli spazi con le preposizioni. Attenzione alle preposizioni articolate!

1. Questo fine settimana, vuoi venire con…
2. Tutte le mattine, andiamo a prendere…
3. Quando vieni…
4. Mi piace molto il cinema,…
5. Il fine settimana non andiamo mai…
6. Preferisci andare _____ ristorante…
7. Vado spesso a fare la spesa _____ supermercato,…
8. Paolo lavora…

a. ma il mercoledì vado _____ mercato.
b. noi _____ discoteca?
c. un caffè _____ Bar del Corso.
d. o _____ pizzeria?
e. _____ un'agenzia di viaggi.
f. ma qualche volta vado anche _____ teatro.
g. _____ ballare, perché non ci piace.
h. _____ casa mia?

1. __b__ / 2. _____ / 3. _____ / 4. _____ / 5. _____ / 6. _____ / 7. _____ / 8. _____

C Preposizioni di tempo

1. Leggi il testo e completa gli spazi con le preposizioni e gli orari corretti.

> alle 18:00 / dalle 9:00 / delle 8:00 / alle 13:00 / alle 7:45/ alle 8:30 / alle 7:00 / **dalle 14:00**

Mi chiamo Carmen e faccio l'insegnante. La mattina mi alzo _____ e faccio colazione. Poi mi lavo ed esco di casa _____. Prendo l'autobus _____ e arrivo a scuola _____. Faccio lezione _____ _____. Ho una pausa di un'ora, per pranzare.

Nel pomeriggio, faccio lezione ___dalle 14:00___ _____.

seconda parte

2. Leggi il testo e completa gli spazi con le preposizioni corrette.

Mi chiamo Giulio e faccio il barista. Stamattina, mi sono svegliato _____ 5:00. Ho preso la macchina e sono andato a lavorare. Sono arrivato al bar _____ 5:30. Ho pulito il bancone e ho preparato tutto per aprire il bar _____ 6:30. Ho fatto una colazione veloce e ho preparato duecento caffè _____ 7:00 _____ 14:00. Sono tornato a casa e _____ pomeriggio ho riposato un po' e sono andato in palestra. La sera, dopo cena, sono andato in una discoteca a lavorare _____ 21:00 _____ 2:00 di mattina.

D Da o da + articolo?
Metti in ordine le frasi e scegli la preposizione corretta, come mostra l'esempio.

1. ho – devo – Domani – dentista, – mal – perché – andare – di denti. - (da/dal)
   Domani devo andare (dal) dentista, perché ho mal di denti.

2. il suo – Paolo, – a festeggiare – Stasera – compleanno. – andiamo - (da/dal)
   _____.

3. tu – puoi andare – Scusa, Carla, – avvocato? - (da/dall')
   _____.

4. gli appunti   Storia. – prendere – vengo – te, – a – Oggi pomeriggio – di - (da/dal)
   _____.

5. una cena – Giovanna – per – andare – Carlo e – Devo – tra amici. - (da-dai)
   _____.

6. miei – dormo – fine – Questo – nonni. – settimana - (da/dai)
   _____.

E Da (uso, funzione) o di (materiale)?
1. Leggi le frasi e collega le foto che appartengono alla stessa frase.

1. La camicia da cameriere di Giovanni è di seta.   Foto: __C__ ____
2. Le mie scarpe da ballo sono di pelle.   Foto: ____ ____
3. Il banco da lavoro che ho in garage è di legno.   Foto: ____ ____
4. Il suo orologio d'oro è proprio da ricchi.   Foto: ____ ____

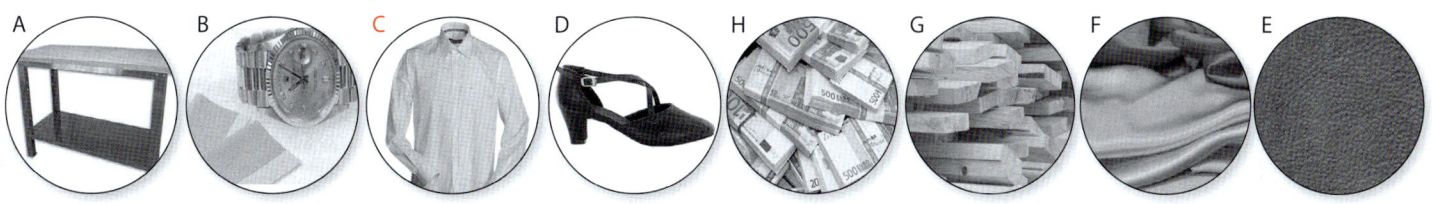

A   B   C   D   H   G   F   E

15 Preposizioni semplici e articolate (2)

2. Completa gli spazi con la preposizione corretta: *di* o *da*?

1. I bicchieri _____ vino sono _____ vetro.
2. Sono _____ porcellana le tazzine _____ caffè?
3. Il vestito _____ sposa di Angela è _____ un tessuto molto prezioso.
4. Sono _____ gomma le scarpe _____ passeggio?

F Stagioni - mesi
Completa gli spazi con le preposizioni, la stagione della foto e il mese corretto.

Stagione

1. _____ _____, _____ _____, andiamo al mare  mese: 7
2. _____ _____, _____ _____, raccogliamo le castagne.  mese: 10
3. _____ _____, _____ _____, sbocciano i fiori.  mese: 3
4. _____ _____, _____ _____, festeggiamo il Natale.  mese: 12
5. _____ _____, _____ _____, chiudono le scuole.  mese: 6
6. _____ _____, _____ _____, passiamo una settimana in montagna.  mese: 1

G In o su? Dov'è?
Guarda le foto, collega le frasi e completa gli spazi con le preposizioni articolate corrette.

1. Il gatto è (su)...   _____ (l') _____ armadio.
2. La chiave è (in)...   _____ (il) _____ cassetto.
3. I libri sono (su)...   _____ (la) _____ borsa.
4. I soldi sono (su)...   _____ (il) _____ letto.
5. Le magliette sono (in)...   *1* (il) *sul* cuscino.
6. I vestiti sono (in)...   _____ (il) _____ tavolo.

1	2	3	4	5	6
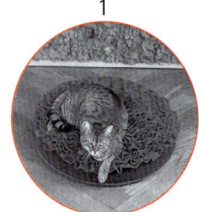	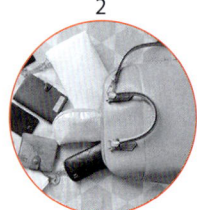				

seconda parte

H) Da o tra?

1. Leggi le frasi e indica, per ogni frase, se *l'azione* è presente (P) o futura (F).

   1. *Lavoro* in quest'azienda da quattro anni. (_____)
   2. Tra due settimane *partiamo* per Bucarest. (_____)
   3. Io e Marta *ci conosciamo* da un paio di anni. (_____)
   4. Perché non vieni anche tu a casa mia? Tra un'ora *arrivano* un po' di amici e mangiamo insieme una pizza. (_____)
   5. Tra due ore *finisco* di lavorare e vengo a prenderti a casa. (_____)
   6. Da quanto tempo *sei* qui? (_____)

2. Leggi e completa le frasi con la preposizione corretta: *da* oppure *tra*?

   1. _____ cinque minuti, la pasta è pronta.
   2. È _____ molto tempo che studi l'arabo?
   3. _____ quando abito lontano dal centro, la notte dormo molto meglio.
   4. _____ sei giorni c'è la finale di campionato. Vieni anche tu allo stadio?
   5. Paolo si laurea _____ due settimane.
   6. Io e Giulia stiamo insieme _____ due mesi.

I) Semplice o articolata?

Leggi i mini-dialoghi e completa gli spazi A con la preposizione semplice corretta e gli spazi B con le parti in disordine nel riquadro, come mostra l'*esempio*.

ufficio – del – (in+l') – capo • (in+il) – storico – centro • pizzeria – (a+la) – Michele • (a+la) – porto – del – spiaggia • teatro – Verdi – (a+il) • (a+la) – Jolly – discoteca – l scuola – (a+la) – elementare • comunale – piscina – (a+la)

1	A:	Vieni a nuotare ___*in*___ piscina con me?
	B:	Certo, ma solo se andiamo ___*alla piscina comunale*___, perché è più economica.
2	A:	Stasera andiamo _____ pizzeria?
	B:	Va bene, prenota un tavolo _____, lì la pizza è più buona.
3	A:	Io amo la commedia. Vado spesso _____ teatro.
	B:	Ah bene, allora il prossimo fine settimana, andiamo _____? C'è una commedia di Eduardo de Filippo.
4	A:	Ti piace ballare? Vai _____ discoteca?
	B:	Non molto, l'ultima volta sono andato _____, per una festa di compleanno.
5	A:	Sai se c'è una banca _____ centro?
	B:	Sì, ci sono due banche proprio _____. Ti accompagno.
6	A:	Vuoi venire con noi _____ spiaggia?
	B:	Certo, volentieri, ma non andiamo _____. Lì c'è troppa gente.
7	A:	Paolino, dove vai _____ scuola?
	B:	Vado _____ Dante Alighieri.
8	A:	Vai _____ ufficio oggi?
	B:	Sì, devo andare, perché oggi c'è una riunione molto importante _____.

16 Ci luogo – Ne partitivo (1)

Ci (luogo)

A 1. Leggi il programma di Paolo e rispondi con il "ci", alle domande, come mostra l'esempio.

A: Paolo, il martedì vai in palestra?
1. B: No, _ci vado_ il _lunedì_.
A: Quando vai in pizzeria?
2. B: _____.
A: Paolo, il venerdì vai al mercato?
3. B: No, _____ il _____.
A: Quando vai al cinema?
4. B: _____ il _____.
A: Vai in discoteca anche la domenica?
5. B: No, _____ solo il _____.
A: Quante volte vai al supermercato?
6. B: _____ una volta alla settimana, il _____.

2. Leggi le descrizioni e collega le preposizioni e i nomi dei luoghi corretti come mostra l'esempio.

1. Ci vado quando ho mal di denti.   _Dal dentista_
2. Ci vado per sposarmi.   _____
3. Ci vado per dormire di notte.   _____
4. Ci vado per prendere il sole.   _____
5. Ci vado per mangiare un piatto di spaghetti.   _____
6. Ci vado per vedere una partita di calcio.   _____

72   settantadue

seconda parte

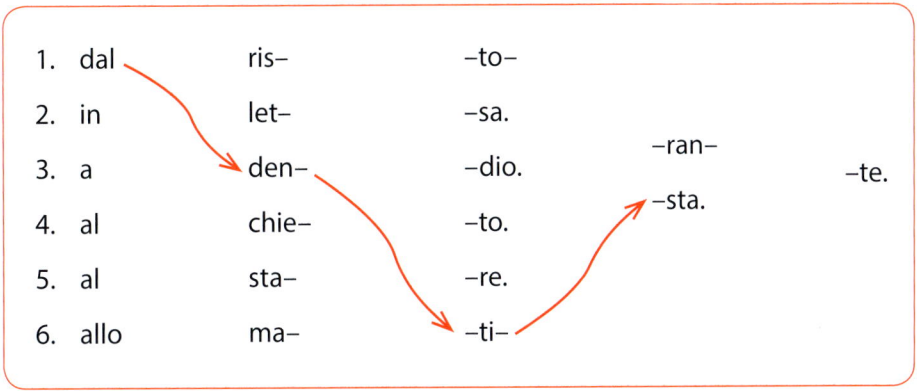

B Ne (quantità)

1. La spesa. La Signora Rosa va a fare la spesa. Leggi i dialoghi e indica per ogni dialogo dove ci troviamo: *in pescheria, in salumeria, dal fruttivendolo* e *in macelleria*.

1. _____

A: Buongiorno, signora!
B: Buongiorno, Giovanni. Vorrei quelle mele rosse.
A: Certo, quante ne vuole?
B: Un chilo grazie.
A: Ecco a Lei!
…

2. _____

A: Buongiorno, signora!
B: Buongiorno. Vorrei un po' di prosciutto cotto.
A: Certo, quanto ne vuole?
B: Due etti, grazie.
A: Ecco a Lei!
…

3. _____

A: Buongiorno, signora!
B: Buongiorno. Quanto costano quelle alici?
A: 2,00 € al chilo. Quante ne vuole?
B: Cinque chili, grazie.
A: Ecco a Lei!
…

4. _____

A: Buongiorno, signora!
B: Buongiorno. Quanto costano quelle salsicce?
A: 5,00 € al chilo. Quante ne vuole?
B: Due chili, grazie.
A: Ecco a Lei!
…

2. Rileggi i dialoghi e completa gli spazi con le domande o le risposte.

1. • Quante mele compra la signora Rosa?
2. • _____ .
3. • Quante salsicce compra la signora Rosa?
4. • _____ ?

• _____ .
• Ne compra cinque chili.
• _____ .
• Ne compra 200 grammi.

settantatré 73

16 Ci luogo – Ne partitivo (1)

3. Siamo ad una festa di compleanno e Paola, la festeggiata, fa delle domande agli invitati. Leggi le domande e trova la risposta corretta: A, B... Attenzione alle immagini!

1. A chi piacciono questi biscotti? (risposta: _____)
2. Vuoi un pezzo di torta? (risposta: _____)
3. Vuoi un pezzo di pizza? (risposta: _____)
4. Ti piace il vino? (risposta: _____)

A Sì, grazie, ma questo è troppo grande. _____.

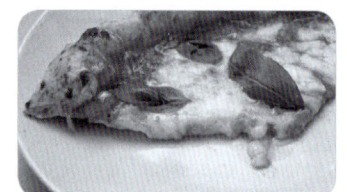

C Sì, grazie. _____.

B Sì, molto. _____.

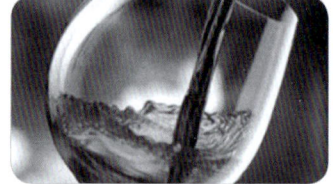

D A me. _____.

Ora completa le risposte con queste espressioni. Attenzione agli intrusi!

> Ne posso avere due? / Ne prendo metà. / Ne posso avere due chili? / Ne prendo altri cinque. / Ne prendo un altro bicchiere. / Ne voglio due scatole

4. Leggi la descrizione di Paolo.

Ciao, io sono Paolo, faccio lo scultore e vivo a Roma da dieci anni, ma sono di **Matera**. Sono sposato da dieci anni con Claudia e abbiamo <u>tre</u> figli: il più grande, Marco di 8 anni, il secondo Carlo di 6 anni e Giulia, la più piccola, di 5 anni. Roma è una città molto bella, ma molto grande e per questo abbiamo una macchina e uno scooter. Io uso lo scooter, quando vado a lavorare e mia moglie, invece, prende la macchina per accompagnare i bambini a scuola, prima di andare in ufficio. Lei lavora in uno studio di avvocati. Abbiamo due case: una qui a Roma e un'altra in Toscana, dove andiamo a trascorrere spesso il fine settimana. In famiglia, abbiamo cinque biciclette. Ci piace andare al parco con le nostre biciclette e stare un po' sull'erba a prendere il sole.

Ora collega le frasi con il ne, come mostra l'esempio.

1. Di figli,
2. Di anni,
3. Di macchine,
4. Di scooter,
5. Di case,
6. Di biciclette,

a. ne hanno uno.
b. ne hanno cinque.
c. ne hanno due.
d. ne hanno tre.
e. ne hanno una.
f. Giulia ne ha cinque.

1. _d_ 2. _____ 3. _____ 4. _____ 5. _____ 6. _____

perfetto! 1

A Collega le frasi.

1. Mio figlio fa sempre tardi, …
2. Quando in cucina alzi il coperchio della pentola,
3. Attenzione al coltello…
4. Quando tagli il pelo al cane, …
5. Per favore, mamma, puoi…
6. I gatti sono molto puliti, …

a. fai attenzione!
b. perché si lavano sempre.
c. si sente un profumo!
d. svegliare tu i bambini?
e. che ti tagli.
f. non si sveglia mai in orario.

1. _____ / 2. _____ / 3. _____ / 4. _____ / 5. _____ / 6. _____

Tot: _____ /3

B Verbo riflessivo o non riflessivo? Cancella il pronome riflessivo (mi, ti…) quando non è necessario.

1. Enzo fa il barbiere, si taglia i capelli dei clienti.
2. Mia figlia Federica non ha più bisogno del mio aiuto. Ormai è grande, si veste da sola.
3. I bambini non si asciugano mai bene, dopo la doccia.
4. Scusa, ho bisogno del tuo aiuto. Ci alziamo insieme questo tavolo, per favore?
5. Dopo il lavaggio vi dovete asciugare la macchina, per favore!
6. Sono un po' stanco, mi siedo un po'.

Tot: _____ /3

C Leggi il testo e guarda le immagini. Indica se le azioni o gli oggetti nelle foto sono presenti (Sì), oppure se non sono presenti (No) nella descrizione.

La mattina mi alzo sempre molto presto, mi lavo, mi vesto ed esco per andare in ufficio. Vado a lavorare in bicicletta, ma prima di arrivare in ufficio mi fermo al bar e prendo un caffè e un cornetto. Quando arrivo in ufficio, mi lavo i denti e comincio subito a lavorare. Lavoro fino alle 13:00, poi faccio la pausa, pranzo con i colleghi e riprendo a lavorare alle 14:00. Finisco di lavorare alle 17:00 e appena arrivo a casa, mi faccio una doccia e mi rilasso un po'.

TEST 1

A. Sì – No

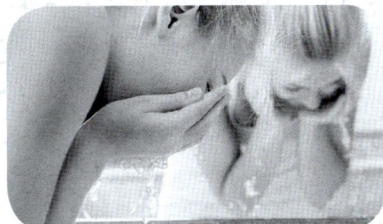
B. Sì – No

C. Sì – No

D. Sì – No

E. Sì – No

F. Sì – No

Tot: _____ /3

D Completa le frasi con le preposizioni corrette. Attenzione alle preposizioni articolate!

1. Dopo il cinema, andiamo sempre _____ pizzeria.
2. Andate _____ ristorante Il Sasso, si mangia benissimo.
3. Stasera venite anche voi _____ Carlo e Giulia, per la cena di fine anno?
4. Signorina, deve andare _____ direttore, vuole parlare con Lei.
5. Questi bicchieri _____ vino in vetrina mi piacciono molto.
6. I ragazzi partono per Bologna _____ autobus delle 10:00.

Tot: _____ /3

E Collega le frasi.

1. Amo vedere le commedie al…
2. Andiamo spesso alla…
3. Ci sono molti studenti stranieri al…
4. Ci sono molti turisti alla…
5. Quando voglio trovare un buon libro, vado sempre alla…
6. Preferisco fare la spesa al…

a. discoteca Evolution, perché lì balliamo anche la salsa.
b. supermercato, perché lì trovo vari prodotti.
c. biblioteca comunale.
d. liceo Giovanni Falcone.
e. spiaggia di Trapani.
f. teatro Totò.

1. _____ / 2. _____ / 3. _____ / 4. _____ / 5. _____ / 6. _____

Tot: _____ /3

UNITÀ 14-16

F Leggi le frasi e sottolinea la preposizione corretta.

1. Le chiavi sono *in – nel* primo cassetto.
2. I miei zii vanno *allo – a* stadio tutte le domeniche.
3. Vieni *a – alla* casa mia a prendere un caffè.
4. *In – Nella* mia borsa c'è di tutto e di più.
5. Se ti siedi *sul – su* cuscino del cane, lui ti morde.
6. Io e il mio ragazzo andiamo *a – in* pizzeria una volta alla settimana.

Tot: _____ /3

G Leggi le frasi e trova le quattro preposizioni sbagliate.

1. Quando sono stanco, vado a piscina a nuotare un po'.
2. I miei occhiali di sole sono molto costosi.
3. Le scarpe da ginnastica, in vetrina, sono molto belle.
4. In estate, preferiamo andare in montagna.
5. Sono tue le magliette su mio letto?
6. Chi mi accompagna da dentista, domani?

Tot: _____ /3

H Indica, per ogni frase, la foto che corrisponde al luogo.

 A  B  C  D  E

1. Ci vado spesso a comprare le sigarette. (_____)
2. Ci vado per fare dei massaggi e riabilitare il mio corpo. (_____)
3. Ci vanno le persone che si allenano. (_____)
4. Le donne ci vanno spesso per curare il loro aspetto. (_____)
5. Ci vanno delle persone in abito nero, per giudicare altre persone. (_____)
6. Ci lavorano delle persone che lottano contro la criminalità. (_____)

F

Tot: _____ /3

TEST 1

I Collega le frasi con il *ne*.

1. Di carne,
2. Di caffè,
3. Di biscotti,
4. Di figli,
5. Di cantanti brasiliani,
6. Di vongole,

a. ne conosco solo due.
b. ne compro un chilo, in pescheria.
c. ne ho tre: due bambini e una bambina.
d. ne mangio tre a colazione, con il cafellatte.
e. ne prendo un chilo dal macellaio.
f. ne bevo tre al giorno, uno dopo ogni pasto.

1. _____ / 2. _____ / 3. _____ / 4. _____ / 5. _____ / 6. _____

Tot: _____ /3

L Completa le frasi con la particella corretta: *ci* o *ne*?

1. La discoteca non mi piace, c'è troppa gente. Non _____ vado mai con i miei amici.
2. Quanti chili di cozze prende? _____ vuole uno o due?
3. Di solito bevo molti succhi. _____ bevo almeno quattro o cinque al giorno.
4. Questo parco mi piace molto, _____ vengo spesso a correre, con due amici miei.
5. Le partite allo stadio sono tranquille. Qualche volta _____ porto anche i bambini.
6. Dove sono gli altri bambini? _____ mancano tre.

Tot: _____ /3

UNITÀ 14-16

Calcolo punteggio

• Attività A… L: 2 errori = –1 punto

Tot: _____ /30

perfetto! 1

17 Stare + gerundio – Stare per + infinito

A Che cosa stanno facendo? Collega le frasi e le immagini.

1. I bambini
2. A pranzo,
3. La bambina
4. La nonna
5. L'autista
6. Gli invitati

stanno brindando.

stiamo mangiando delle verdure.

sta cucinando con sua nipote.

stanno nuotando.

sta guidando l'autobus.

sta dormendo.

B Leggi e collega le frasi. Poi completa gli spazi con *stare + gerundio* dei verbi:

fare / allenarsi / guardare / seguire / studiare / leggere

1. Marta è all'università,…
2. Mi piacciono le storie di avventura,…
3. Mio figlio ha 6 anni e pesa più di 40 Kg. …
4. Oggi c'è la finale di Champions e…
5. Oggi ci sono le elezioni e…
6. Il mese prossimo ci sono le gare e…

1. ___ 2. ___
3. ___ 4. ___
5. ___ 6. ___

a. tutti _____ _____ i risultati su internet e sui social.
b. adesso _____ _____ medicina.
c. gli atleti _____ _____ tanto.
d. _____ _____ una dieta molto rigida.
e. e i ragazzi _____ _____ la partita in tv.
f. in questo periodo _____ _____ un bel libro.

80 ottanta

seconda parte

Stare per + infinito

C Che cosa sta per succedere? Metti in ordine le frasi.

1. il piede – di banana – per *cadere*. – su una buccia – Sta mettendo – e *sta*
   Sta mettendo il piede su una buccia di banana e sta per cadere.

2. stiamo – per *uscire*. – Ci stiamo – vestendo,
   _____.

3. tutti i – mangiando – biscotti, – stanno – State – per *finire*.
   _____.

4. il film – per *cominciare*.– sta chiudendo, – sta – La sala 8
   _____.

5. Socrate sta – del veleno, – Sta bevendo – per *morire*.
   _____.

6. Giulio – stiamo – per *festeggiare* – Stiamo aspettando – il suo – per fargli una sorpresa, – compleanno.
   _____.

D Leggi le frasi e prova a completare gli spazi con i verbi: *festeggiare, vomitare, cantare, finire, cominciare, arrivare, studiare* e *dormire*. *Stare + gerundio* o *stare per + infinito*?

1. Sono le 20:30, il film comincia alle 20:40. Dobbiamo comprare i biglietti ed entrare, veloci che il film _sta per cominciare_!

2. (Al telefono, ad una festa) Scusa non ti sento, aspetta che esco fuori, qui _____ tutti insieme e non riesco a sentire la tua voce.

3. La squadra di calcio della città è campione d'Italia. In piazza e per le strade, i tifosi _____ la vittoria.

4. Scusa, non mi sento bene. Troppo alcol, _____.

5. Giulia dice che per strada c'è molto traffico, ma _____. Cinque minuti ed è qui.

6. I ragazzi _____, perché domani hanno un esame all'università.

7. (Al telefono, in classe) Scusami, sono in classe, non posso stare al telefono. La lezione _____. Cinque minuti e ti chiamo io.

8. Bambini, silenzio! È tardi, è mezzanotte, non dovete gridare. Ci sono persone che a quest'ora _____.

ottantuno 81

18 Passato Prossimo

A Che cosa ha fatto? Guarda le immagini e completa gli spazi, con la lettera della foto giusta e con i participi regolari, come mostra l'*esempio*.

(_G_) Si è alz*ato* alle 7:00
(_____) ha mangi_____ un cornetto a colazione
(_____) è usc_____ di casa alle 8:15
(_____) è arriv_____ in ufficio alle 8:45
(_____) ha lavor_____ fino alle 13:30
(_____) ha pranz_____ alle 13:40
(_____) è torn_____ a casa alle 17:30
(_____) ha guard_____ la tv alle 21:30
(_____) è and_____ a letto alle 23:00.

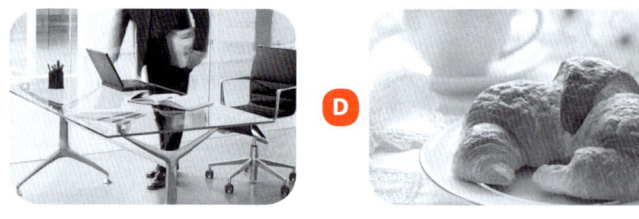

B 1. Trova nel crucipuzzle i participi dei verbi:

leggere / vincere / fare / scrivere / spendere / accendere / spegnere / perdere / prendere / venire

```
J V N Z C U V F N W O X N S J
P Z L U U L C E O T Z J E C M
Y Z G P Q S O T N S S O U R A
W T R V F S T E J U I T G I X
J R F P E A P Q T Q T I Y T G
C P V C F S H P V G D O S T N
I H C I D S P E S O N N B O E
S A B C N O C O B U W N B D S
G A J T A T S Q P U Z Z J J U
X A V M D R O Q U G P L W V N
X A E M E B H V Q K R S M A D
Z M Z P Q V F M U M E E P W L
A M U J A J L D C E S C C Y U
J U G Q L R A F V E O F S O B
R L E T T O W V B L H D Y Z K
```

seconda parte

2. Ora leggi le frasi e completa gli spazi con alcuni verbi al participio, dell'attività 1.

   1. I ragazzi hanno _____ un ottimo lavoro.
   2. Voi avete _____ solo un caffè macchiato?
   3. Perché non hai _____ ancora il forno?
   4. Giovanna è una famosa attrice italiana e ha _____ molti premi.
   5. Purtroppo ho _____ la scommessa.
   6. Nessuno ha _____ il mio post sui social.

C Carlo è un fidanzato molto geloso e fa molte domande alla sua ragazza, Paola. Leggi le risposte e prova a scrivere le domande.

Carlo: _____ ieri sera? (1)
Paola: Al cinema.
Carlo: _____ ? (2)
Paola: Con Giulia.
Carlo: _____ ? (3)
Paola: Un bel film, L'innocente.
Carlo: _____ dopo il film? (4)
Paola: In pizzeria.
Carlo: _____ ? (5)
Paola: Io una margherita e Giulia una capricciosa.
Carlo: _____ a casa? (6)
Paola: Alle 23:00.
Carlo: _____ a letto? (7)
Paola: A mezzanotte.
Carlo: _____ prima di dormire? (8)
Paola: Ho letto un libro.
Carlo: E…
Paola: E… basta, Carlo! Basta con questa tua stupida gelosia!
Carlo: Perdonami, amore!
…

18 Passato Prossimo

D Leggi, collega le frasi e completa gli spazi con gli ausiliari e i participi.

1. Incredibile! Hai già letto il libro che _____ …
2. Siete state molto brave a cantare, la canzone _____ …
3. I ragazzi _____ …
4. La commissione _____ …
5. L'aereo _____ …
6. La lezione è finita prima e le ragazze _____ …
7. Quanto (tu) _____ …
8. Giulia, hai sentito che cosa _____ …

a. pagat_____ i biglietti per lo spettacolo di domani?
b. andat_____ a fare spese.
c. piaciut_____ a tutti.
d. venut_____ a casa mia, a studiare.
e. success_____ all'università?
f. arrivat_____ con un'ora di ritardo.
g. chiamat_____ il prossimo candidato.
h. comprat_____ ieri?

1. _____ / 2. _____ / 3. _____ / 4. _____ / 5. _____ / 6. _____ / 7. _____ / 8. _____

E 1. Leggi una parte della biografia di due attori italiani, famosi. Completa gli spazi con i participi corretti.

Elio Germano è _____ (nascere) il 25 settembre 1980 a Duronia, in provincia di Campobasso. A 13 anni ha _____ (cominciare) a studiare per diventare un attore. Dopo il trasferimento a Roma, ha _____ (avere) una parte nel film "Ci hai rotto papà" di Castellano e Pipolo; poi, nel 1994, ha _____ (partecipare) ad alcuni spettacoli a teatro, con diverse compagnie. Nel 1998, i Vanzina hanno _____ (scegliere) Elio per "Il cielo in una stanza".
È considerato la stella del cinema italiano e molti registi chiedono di lui. Nel 2008 Germano ha _____ (girare) ben tre film: "Il mattino ha l'oro in bocca" di Francesco Patierno, "Tutta la vita davanti" di Paolo Virzì e "Il passato è una terra straniera" di Daniele Vicari.

(Adattato da http://trovacinema.repubblica.it/attori–registi/elio–germano/157105/)

Cristiana Capotondi è _____ (nascere) a Roma nel settembre del 1980. Ha _____ (avere), all'età di dodici anni, una parte nella serie televisiva "Amico Mio".
È _____ (apparire) al cinema nel 1995, nel film "Vacanze di Natale '95".
Negli anni successivi ha _____ (partecipare) a diverse serie televisive: "Anni '50 e Anni '60" dei fratelli Vanzina e "Compagni di scuola".
Nel 2005 si è _____ (laurearsi) alla Sapienza di Roma in scienze della comunicazione, con una tesi sul cinema italiano ed ha _____ (avere) la possibilità di vincere il Nastro d'Argento come migliore attrice non protagonista, per "Volevo solo dormirle addosso" e "Christmas in love". Nel 2007 ha _____ (recitare) nel film "Come tu mi vuoi".
Nel 2010 è _____ (tornare) in televisione e ha _____ (interpretare) l'imperatrice Sissi in una miniserie campione di ascolti. Nello stesso anno, al cinema, Cristiana è _____ (essere) la protagonista del film "Dalla vita in poi", di Gianfrancesco Lazzotti (premio speciale della giuria al festival di Montreal), e ha _____ (vincere) il premio come migliore interprete femminile, al Festival di Taormina. Sempre nel 2010, ha _____ (girare) il film "La passione" di Carlo Mazzacurati.

(Adattato da http://www.cristianacapotondi.com/biografia.php)

84   ottantaquattro

seconda parte

2. Ora rispondi alle seguenti domande, sulle biografie di Elio e Cristiana.

1. Che cosa ha fatto Elio a 13 anni?
   _____.
2. Che cosa ha fatto Cristiana nel 1995?
   _____.
3. Che cosa ha fatto Elio nel 1994?
   _____.
4. Che cosa ha fatto Cristiana nel 2007?
   _____.
5. Che cosa è successo nel 2010 nella vita di Cristiana?
   _____.
6. Che cosa è successo nel 2008, nella vita di Elio?
   _____.

F Conosci i cantanti italiani? Leggi le frasi e prova a completare alcuni spazi con i nomi dei cantanti:

> Alessandra / Marco / Emma / Tiziano / Eros

1. Il 12 maggio 2015 _____ (uscire) l'album *Perfetto* di _____ Ramazzotti.
2. Laura Pausini _____ (ricevere) nel 2017 una nomination ai Grammy Awards, nella categoria Best Latin Pop album.
3. _____ Ferro, alla fine del 2015, _____ (conquistare) il 7° disco di Platino.
4. Nel 2011, _____ Marrone _____ (partecipare) al Festival di Sanremo con Checco dei Modà.
5. Alex Britti _____ (scrivere) la colonna sonora "Immaturi", del film di Paolo Genovese.
6. Il nome di _____ Mengoni _____ (arrivare) in Germania, grazie al duetto con Grace Capristo sulle note di *Ricorderai l'Amore*.
7. _____ Amoroso _____ (dichiarare) che le sue principali influenze musicali sono Aretha Franklin e Mina.
8. Il 17 febbraio del 2012, Francesca Michelin _____ (salire) sul palco del Teatro Ariston durante il Festival di Sanremo, per duettare con Chiara Civello, nel brano "*Al posto del mondo*".
9. I Negramaro, il 10 giugno 2011, _____ (tornare) sul palco dell' Heineken Jammin' Festival, con un nuovo spettacolo dal vivo.
10. Giorgia _____ (nascere) il 26 aprile del 1971 a Roma.

Ora completa gli spazi con i verbi al Passato Prossimo. Attenzione all'ausiliare!

18 Passato Prossimo

G Verbi con il doppio ausiliare. *Essere* e *avere*. Leggi le frasi e scrivi negli spazi l'ausiliare corretto: *essere* o *avere*?

1. a. La lezione _____ finita alle 10:00.
   b. L'insegnante _____ finito la lezione alle 10:00.
2. a. Le ragazze _____ cominciato la festa molto presto.
   b. La festa _____ cominciata presto.
3. a. L'autobus _____ passato proprio adesso.
   b. I nonni _____ passato le vacanze in montagna.
4. a. Cristiana _____ cominciato a recitare all'età di 13 anni.
   b. L'estate _____ appena cominciata.
5. a. L'operaio _____ salito sul tetto.
   b. I turisti _____ salito il Vesuvio.
6. a. La città _____ cambiata molto.
   b. La famiglia Rossi _____ cambiato casa.

H Leggi i mini-dialoghi e completa le frasi al passato prossimo con *non... ancora* o *già*.

1. La mamma: Ecco il tuo piatto di spaghetti alle vongole.
   Paolo: Grazie mille!
   Paolo (mangiare) _____.
2. Carlo: Questo libro è molto bello.
   Stefania: Sì, infatti a me è piaciuto molto.
   Stefania (leggere) _____ il libro.
3. Papà: Che ore sono?
   Mamma: Le 23:00.
   Papà: A che ora arriva Flavio?
   Mamma: Ho chiamato adesso e ha detto che sta per arrivare.
   Flavio (arrivare) _____.
4. A: Ah, ciao, Maurizio! Sei già qui!
   B: Sì, preferisco arrivare in anticipo agli appuntamenti.
   Maurizio (arrivare) _____.
5. A: Domani vado al cinema a vedere "Magnifiche presenze" di Özpetek.
   B: Posso venire con te?
   Loro (vedere) _____ il film.
6. A: Ciao, sei in viaggio?
   B: Sì!
   A: A che ora arriva il treno alla stazione?
   B: Alle 20:00.
   Il treno (partire) _____.
   Il treno (arrivare) _____.

86 ottantasei

seconda parte

I) Leggi i mini-dialoghi e completa le frasi al passato prossimo con *già* o con *non… più*.

1. A: Dov'è Giulio?
   B: Ha lasciato il boccale di birra pieno ed è andato via.
   Giulio (bere) _____ la birra.

2. A: Proprio buona questa colazione, mi è piaciuta.
   B: Grazie.
   Lui (fare) _____ colazione.

3. Gennaro: Ho cominciato a leggere questo libro, ma la storia è troppo noiosa.
   Alessandro: Invece a me è piaciuta.
   Gennaro (leggere) _____ il libro.
   Alessandro (leggere) _____ il libro.

4. A: Ha chiamato Antonio?
   B: No, forse si è dimenticato.
   Antonio (chiamare) _____.

5. A: C'è molto traffico in città.
   B: Meglio se ci fermiamo qui a prendere qualcosa in un bar. Al cinema, ci andiamo un'altra volta.
   Le ragazze (andare) _____ al cinema.

6. A: Sono già le 8:00.
   B: Meglio se non ci fermiamo al bar. Andiamo direttamente a casa di Carla e Paola.
   Le ragazze (fermarsi) _____ al bar.

L) Metti in ordine le frasi con l'avverbio *appena*.

1. ho sentito – ho cominciato – un dolore – a correre, – appena – alla caviglia.
   _____.

2. appena – sono – lavori – I –finiti.
   _____.

3. appena – spettacolo – cominciato. – è – Lo
   _____.

4. il cantante, – appena – ho gridato – il – è entrato – suo nome.
   _____.

5. appena – ha – i – L'insegnante – pronomi. – spiegato
   _____.

6. i soldi – appena – hanno comprato – alla lotteria, – hanno vinto – la nuova casa.
   _____.

18 Passato Prossimo

M Leggi e riscrivi i testi. Sostituisci le parti in corsivo con i verbi riflessivi: *vestirsi*, *lavarsi*, *alzarsi*, *asciugarsi*, *svegliarsi*, *truccarsi* e *pettinarsi*, come mostra l'esempio.

Claudio **ha alzato se stesso** alle 8:00, *ha lavato se stesso* e poi *ha messo i suoi vestiti*. Stefania, invece, *ha svegliato se stessa* alle 8:30, ha fatto una doccia, *ha asciugato i suoi* capelli, *ha truccato il suo viso* e poi anche lei *ha messo i suoi vestiti*. Insieme hanno fatto colazione e sono usciti di casa alle 9:30.

Claudio si è alzato alle 8:00

Oggi è domenica e i bambini non **hanno alzato se stessi** presto. Così, sono rimasti a letto fino alle 10:00. Poi, *hanno lavato se stessi* e hanno fatto colazione. *Hanno messo i loro vestiti* e sono usciti per andare a giocare a calcio. Le ragazze, invece, *hanno alzato se stesse* alle 9:00, *hanno lavato il loro corpo* e poi *hanno truccato il loro viso* e *hanno pettinato i loro capelli*. Poi sono uscite insieme e sono andate a fare spese.

Oggi è domenica e i bambini non si sono alzati presto.

19 Comparativi (maggioranza, minoranza e uguaglianza)

seconda parte

A Leggi le informazioni e scegli l'aggettivo corretto: *interessante, facile, grande, bravo, forte* e *alto*. Poi scrivi delle frasi con *più* o *meno*, come nell'**esempio**. Attenzione! Non cambiare l'ordine.

1. Giulio (1,60 metri) – _____alto_____ – di Marco (2,00 metri)
   Giulio è meno alto di Marco.

2. L'italiano – _____ – dell'inglese
   Per uno spagnolo, _____.

3. Marta (20 anni) – _____ – di Paola (18 anni)
   _____.

4. Carlo (a scuola ha pochi voti positivi e molti negativi) – _____ – di Stefano (ha tutti voti positivi)
   _____.

5. Il Milan (meno di 10 titoli Champions League) – _____ – del Real Madrid (più di 10 titoli Champions League)
   _____.

6. Il libro (piace a tutti) – _____ – del film (non piace a nessuno)
   _____.

B <u>Sottolinea</u> la forma corretta della preposizione di: *semplice* o *articolata*? Vedi l'**esempio**.

1. Io sono più forte *di* / *del* te.
2. Questo libro è meno interessante *di* / *dell'* altro.
3. Guarda come corre. La mia macchina è più veloce *di* / *della* tua.
4. Io sono più basso, per questo sono anche meno veloce *di* / *del* te.
5. Gli italiani del sud sono più scuri *di* / *degli* italiani del nord.
6. I tedeschi sono più puntuali *di* / *del* noi italiani.
7. Quelle scarpe rosse sono meno comode *di* / *delle* queste verdi.
8. La pizza Margherita è più buona *di* / *della* Capricciosa.

C Guarda i simboli (+ - =) e completa gli spazi con il comparativo giusto: *più, meno, come / quanto* e con le preposizioni corrette.

1. Lei è ____più____ (+) veloce _____ me.
2. Perugia è _____ (–) caotica _____ Roma.
3. Emma Marrone è bella _____ (=) Alessandra Amoroso.
4. Il tè freddo è _____ (+) dissetante _____ caffè.
5. Lo stadio di Benevento è _____ (–) famoso _____ quello di Napoli.
6. *La Creazione di Adamo* di Michelangelo è meravigliosa _____ (=) *La Nascita di Venere*, di Botticelli.

19 Comparativi (maggioranza, minoranza e uguaglianza)

D Leggi la descrizione e collega le frasi.

Amici

Io, Carla, Monica e Nando siamo amici da tanti anni. Carla è una ragazza molto simpatica, il contrario di Monica che anche se è molto intelligente, a volte è un po' antipatica. Anche Nando è un ragazzo molto intelligente, ma poco generoso, pensa troppo a se stesso. È un po' egoista. Viviamo tutti nella stessa città, in provincia di Milano, dove ci sono molti negozi e pochi locali per divertirsi. È molto noiosa. Frequentiamo la stessa università. Spesso andiamo insieme in macchina a seguire i corsi e torniamo a casa abbastanza tardi, perché i corsi da seguire sono tanti, lunghi e anche un po' noiosi.

1. Carla è più simpatica...
2. Monica è più intelligente...
3. Nando è più intelligente…
4. I corsi dell'università sono più lunghi...
5. La nostra città è più noiosa...
6. Nella nostra città ci sono più negozi...

a. che locali.
b. che divertente.
c. che generoso.
d. che interessanti.
e. che simpatica.
f. di Monica.

1. _f_ / 2. _____ / 3. _____ / 4. _____ / 5. _____ / 6. _____

E Leggi i dati sulla Lombardia e sulla Sicilia e metti in ordine le frasi.

La Lombardia ha
10.019.166 abitanti
12 province
8 laghi principali
16 fiumi principali
19 grattacieli
10 stazioni sciistiche

La Sicilia ha
5.056.641 abitanti
9 province
31 isole principali
3 vulcani principali
10 fiumi principali
10 principali rilievi montuosi

1. ci sono – Sicilia.– più – **province** – In –che – Lombardia – in

   _____.

2. **fiumi** – ci sono – che – Sicilia – più – In – **province**.

   _____.

3. che – Lombardia – ci – più – In – **province** – sono – **stazioni sciistiche**.

   _____.

4. meno – che – ci sono – **abitanti** – Sicilia – In – in – Lombardia.

   _____.

5. che – meno – ci – sono – **vulcani** – In – Sicilia –**fiumi**.

   _____.

6. che – meno – Lombardia – ci sono – In – **laghi** –**fiumi**.

   _____.

F Che cosa preferisci? Leggi i testi e prova a scrivere delle frasi con il verbo *preferire*, come mostra l'esempio.

1. Mangio spesso in pizzeria. Non mangio mai in trattoria.
   Preferisco… *mangiare più in pizzeria che in trattoria.*
2. Amo nuotare al mare. Raramente nuoto in piscina.
   Preferisco… _____
3. Carlo esce spesso con Giulia. Con me non esce mai.
   Carlo preferisce… _____.
4. A noi piace molto leggere. Ascoltiamo poco la musica.
   Preferiamo… _____.
5. Amano guardare i film al cinema. Non amano guardare i film a casa.
   Preferiscono… _____.
6. A voi piace parlare al telefono. Non amate chattare.
   Preferite… _____.

A Completa le frasi con il gerundio corretto di questi verbi:

allenarsi / ascoltare / arrivare / costruire / fare / leggere

1. Sto _____ un brano musicale molto bello.
2. A mio marito piace molto il genere horror. In questo periodo, sta _____ un libro di Stephen King.
3. Mio figlio deve partecipare a una gara di windsurf molto difficile e quindi si sta _____ tutti i giorni.
4. Gli operai stanno _____ un nuovo edificio. Forse è un nuovo albergo.
5. Sta' attento, Stefano! Stai _____ una follia!
6. Scusa, Giulio, ma stai _____? Noi siamo già qui, fuori dal cinema. Il film sta per cominciare.

Tot: _____ /3

B Collega le frasi.

1. La lezione sta per finire.
2. Fai presto, vai a prendere il latte e il pane.
3. Stiamo per lanciare il nuovo progetto.
4. Ci sono dei ladri in giardino.
5. Attenzione, ragazzi! Scendete da quell'albero,
6. Stai per parlare al telefono con una persona importante,

a. si sta per rompere un ramo.
b. Stanno per entrare in casa. Che facciamo?
c. Mi puoi aspettare fuori, se vuoi.
d. Il supermercato sta per chiudere.
e. quindi attento a quello che dici.
f. Che emozione!

1. _____ / 2. _____ / 3. _____ / 4. _____ / 5. _____ / 6. _____

Tot: _____ /3

C Leggi le frasi e <u>sottolinea</u> l'espressione verbale corretta.

1. Lasciate il telefono libero, per favore. Mi stanno *chiamando - per chiamare*.
2. Per favore, un po' di silenzio. È mezzanotte e c'è gente che sta *dormendo – per dormire*.
3. Gli ingegneri sono molto occupati, stanno *lavorando / per lavorare* ad un progetto molto importante.
4. (All'ora di pranzo, al telefono) Scusa se ti disturbo, Carlo, stai già *pranzando / per pranzare*?
5. Scusa, ma mi manca l'aria, sto *svenendo / per svenire*.
6. Di nuovo la musica ad alto volume. I vicini stanno *festeggiando / per festeggiare*.

Tot: _____ /3

D Completa gli spazi con il verbo corretto al Passato Prossimo:

sentire / prendere / guidare / alzarsi / andare / uscire

A: Stamattina sono arrivato in ufficio molto tardi, perché ieri sera _____ a cena con degli amici e ho bevuto un po' troppo vino. Non _____ la sveglia delle 7:00. Per fortuna che è suonata la sveglia del cellulare, quindici minuti dopo. _____ dal letto con un

92 novantadue

TEST 2

mal di testa terribile, mi sono vestito in fretta e _____ senza neanche fare colazione. _____ la macchina e _____ come un pazzo, per cercare di arrivare in orario, ma alla fine ho fatto comunque tardi. La prossima volta che vado ad una cena con gli amici, solo acqua!

B: Sì sì, certo. Come no! Solo acqua…

Tot: _____ /3

E Leggi le frasi e <u>sottolinea</u> l'ausiliare corretto.

1. Quando il film *è / ha* finito, siamo andati a mangiare una pizza.
2. La donna *è / ha* cominciato a gridare e i ladri sono scappati via.
3. Sono passati molti anni, Marcella *è / ha* cambiata molto dall'ultima volta.
4. Maria è entrata nel negozio e *è / ha* cambiato il vestito.
5. I miei cugini sono appena tornati dall'Australia. *Sono / Hanno* passato un anno lì, per motivi di lavoro.
6. Il concerto non *è / ha* ancora cominciato, siamo ancora in tempo per entrare.

Tot: _____ /3

F Leggi il testo e indica se le azioni o gli oggetti nelle foto sono presenti nella descrizione (Sì), oppure se non sono presenti (No).

    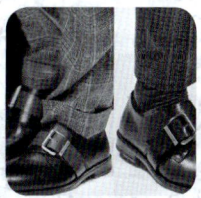 

A. Sì – No   B. Sì – No   C. Sì – No   D. Sì – No   E. Sì – No   F. Sì – No

La scorsa settimana sono andato a fare shopping con mia moglie e mia figlia. Incredibile! Siamo usciti alle 10:00 di mattina, io sono rientrato a casa da solo e loro, invece, sono rientrate a mezzanotte. Voi direte: *"Ma che cosa avete fatto tutto questo tempo? Che cos'è successo? Perché sei rientrato da solo?"*. Beh, immaginate un po'! Ci siamo messi in macchina alle 10:00 in direzione via Roma, la strada con più negozi di abbigliamento e di scarpe della città. Abbiamo lasciato la macchina in un parcheggio custodito, perché trovare un parcheggio in centro non è semplice. Abbiamo cominciato a camminare e ad entrare in ogni singolo negozio, dove mia figlia e mia moglie hanno provato e riprovato decine e decine di scarpe, vestiti, camicie, magliette, collane, bracciali… E io lì con loro a dover dare la mia opinione su ogni cosa: *"Caro, come mi sta questo? Ti piace, lo compro?", "Papà, guarda che carino questo cappello. Ti piace? A me piace tanto"*. Alle 17:00 del pomeriggio, alla fine della strada, io felice: *"Finalmente è finita!"*. Appena giriamo l'angolo della strada, no, cosa vediamo? Un grande centro commerciale con su scritto *Il Paradiso delle donne*, un centro commerciale con tre piani di negozi tutti di abbigliamento, scarpe e di bigiotteria. Cosa abbiamo fatto? Siamo dovuti entrare e via si ricomincia, su e giù, a destra e a sinistra, mi piace questo, ma compro quello, oppure forse è meglio quello del negozio al primo piano. *"Basta, basta! Io vado via a piedi, ecco le chiavi della macchina, ci vediamo a casa"*. Ho preferito prendere la metro, un autobus e fare due chilometri a piedi, anziché stare lì con mia moglie e mia figlia ad impazzire. Mai più in vita mia!

Tot: _____ /3

G Leggi e collega le frasi.

1. Il tablet che ho comprato è più caro…
2. Siamo stati a casa tutto il giorno…
3. Paolo e Caterina hanno già visto questa commedia e…
4. Claudia non è più venuta al colloquio.
5. Non ho mai assaggiato un vino così buono.
6. Che pigri! Si sono alzati, hanno fatto colazione e

a. quindi non vengono più con noi.
b. Mi è piaciuto tanto.
c. poi sono andati a dormire di nuovo.
d. a preparare la cena di stasera.
e. di quello di Andrea.
f. Forse ha cambiato idea.

1. _____ / 2. _____ / 3. _____ / 4. _____ / 5. _____ / 6. _____

Tot: _____ /3

H Leggi le frasi e completa i comparativi con la parola corretta: *più, meno, quanto, che* oppure *di + articolo*.

1. Claudio è più alto _____ fratello maggiore.
2. Marta è molto pigra. È più intelligente _____ volenterosa.
3. Non ho tanta fame. Preferisco _____ mangiare un po' di gelato che ordinare una pizza.
4. Quest'anno mancano molti giocatori e la squadra è meno forte _____ anno scorso.
5. Stanno giocando a poker, ma Claudio sta perdendo. È _____ bravo del suo avversario.
6. Noi siamo bravi _____ voi a imparare una lingua straniera.

Tot: _____ /3

I Leggi i testi e indica se le affermazioni sono vere o false.

Giulio è andato al supermercato e ha comprato un chilo di pane, due litri di latte e tre chili di pasta. Poi ha preso due chili di salsicce e una bistecca. Dal fruttivendolo ha preso un fascio di broccoli, un chilo di banane e due chili di arance. Quando è tornato a casa, ha pranzato e nel pomeriggio è andato a fare due passi al lago con il suo cane.

Oggi Federica è andata a fare la spesa dal salumiere e ha preso mezzo chilo di pane, quattro litri di latte e un paio di chili di spaghetti. Poi è andata dal fruttivendolo e ha preso tre fasci di broccoli, due chili di carote e tre chili di pomodori. Dopo pranzo, è rimasta a casa a studiare un po'. La sera sono venute delle amiche e insieme hanno mangiato un'insalata leggera.

Ieri, Caterina è andata dal pescivendolo e ha preso due chili di alici. Dal macellaio ha comprato mezzo chilo di carne di vitello. Poi è andata dal fruttivendolo e ha preso un chilo di arance, un chilo di carote e un fascio di broccoli. Nel pomeriggio è andata in palestra e poi è stata un po' in piscina. La sera, ha preparato la cena e prima di andare a dormire, ha letto un po'.

TEST 2

1. Giulio ha comprato meno pane di Federica. ○ VERO FALSO ○
2. Caterina ha preso meno broccoli di Federica. ○ VERO FALSO ○
3. Federica preferisce più rimanere a casa che uscire. ○ VERO FALSO ○
4. Caterina ha preso meno arance di Giulio. ○ VERO FALSO ○
5. Caterina ha comprato più carne che pesce. ○ VERO FALSO ○
6. Federica ha preso meno pasta di Giulio. ○ VERO FALSO ○

Tot: _____ /3

L **Leggi le frasi e trova i quattro errori.**

1. A me piace più fare delle ricerche, in internet, di leggere libri in biblioteca.
2. Credete più alle notizie sui social che alle notizie sui giornali?
3. Claudia è più furba di suo fidanzato.
4. Io sono più alto del mio fratello.
5. In questa stanza, ci sono più computer che persone.
6. Gli avversari sono bravi di quanto i nostri giocatori.

Tot: _____ /3

Calcolo punteggio

Attività A… L: 2 errori = –1 punto

Tot: _____ /30

UNITÀ 17-19

20 Pronomi diretti

A Completa la tabella con i pronomi diretti.

> ti / vi / li / la / mi / lo / La / ci / le

Pronome soggetto	Pronome complemento
Io	Carlo, _____ ascolti?
tu	Certo, _____ ascolto!
lui, lei, Lei	Io e Carlo _____ ascoltiamo.
noi	Tu e Marco, _____ ascoltate?
voi	Certo, _____ ascoltiamo!
loro	I ragazzi _____ ascoltano.

B 1. Leggi le frasi e sottolinea i <u>pronomi diretti</u>.

1. <u>La</u> guardo la sera prima di andare a dormire.
2. Lo leggo sul divano.
3. Lo uso per lavarmi.
4. Le prendo quando sto male.
5. Li chiamo per uscire.
6. Lo uso per appoggiare la testa, quando vado a dormire.

seconda parte

2. Ora scrivi i pronomi diretti e i verbi di ogni frase, dell'attività 1, nel punto giusto della tabella, che coincide con il nome e la foto dell'oggetto corretto, come mostra l'esempio.

IMMAGINI	Il cuscino	Il sapone	La televisione	Le medicine	Il libro	Gli amici
(libro)						
(televisione)			1. La guardo			
(cuscino)						
(medicine)						
(sapone)						
(amici)						

C Completa i mini-dialoghi con i pronomi diretti.

1. A: Giulio, _____ posso chiamare quando arrivo a casa?
   B: Certo, va bene.
2. A: Mamma, perché _____ guardi, mentre cuciniamo?
   B: Vi guardo, perché state combinando un disastro in cucina.
3. A: Chi ci accompagna alla stazione?
   B: _____ accompagno io.
4. A: Scusa, _____ puoi aiutare, per favore?
   B: Certo, ti aiuto volentieri.
5. A: Chi scrive la mail da inviare all'avvocato?
   B: _____ posso scrivere io.
6. A: _____ posso aiutare a preparare la tavola, se vuoi.
   B: No, grazie. Non ti preoccupare! _____ preparo da solo.

20 Pronomi diretti

D Leggi i mini-dialoghi e completa gli spazi con i pronomi e i verbi:

> La chiamiamo / li accompagna / ti aspetto / ci ringraziano / mi senti / ti sento / la puoi parcheggiare / mi aspetti / li porto / li va a prendere

1. A: Signorina, aspetti in sala di attesa, _____ noi.
   B: Va bene!

2. A: Claudia, _____, così andiamo a mangiare un boccone insieme?
   B: Certo, _____ volentieri.

3. (Al telefono)
   A: Scusa, mamma _____?
   B: Paolo, io non _____.

4. A: La mattina, viene un pulmino a prendere i bambini e poi quando escono di scuola, _____ a casa.
   B: Invece, i bambini _____ io la mattina a scuola e poi _____ mia moglie.

5. A: Dove posso lasciare la macchina?
   B: _____ qui.

6. A: Marica, i signori Rossi _____ per il regalo.
   B: Ah bene! Proprio bella la festa del loro venticinquesimo anno di matrimonio.

E Chi ascolta Claudia?
Completa la tabella con i pronomi diretti forti, corretti: *lui, te, noi, loro, voi, lei, Lei*.

Pronomi diretti (deboli)	Pronomi diretti (forti)
Claudia **mi** ascolta.	Claudia ascolta *me*.
Claudia **ti** ascolta.	Claudia ascolta _____.
Claudia **lo, la, La** ascolta.	Claudia ascolta _____, _____, _____.
Claudia **ci** ascolta.	Claudia ascolta _____.
Claudia **vi** ascolta.	Claudia ascolta _____.
Claudia **li, le** ascolta.	Claudia ascolta _____.

seconda parte

F Leggi i mini-dialoghi e completa gli spazi con i pronomi forti. Prova a capire il pronome dalla situazione, o dai nomi in parentesi (...).

1. A: Mi ami?
   B: Io non amo _____, amo un altro.
2. A: Aspetti me?
   B: No, aspetto _____ (Claudia).
3. A: Cerchi noi?
   B: No, cerco _____ (Paolo e Giulia).
4. A: Conosci Stefania?
   B: No, conosco solo _____ (Carlo)
5. A: Alessandro sta salutando questi ragazzi?
   B: No, sta salutando _____ (te e la tua ragazza).
6. A: Vi posso invitare alla mia festa?
   B: Non invitare solo _____ (me e Paola), invita anche _____ (Stefano e Claudia).

G 1. Tutto in disordine! Come ha lasciato la casa Katia? Leggi e collega le frasi.

1. L'armadio l'ha...
2. I vestiti li ha...
3. Le calze le ha...
4. Il libro l'ha...
5. I piatti li ha...
6. La camera l'ha...
7. Le pentole le ha...
8. Il divano l'ha...

a. lasciate sporche, sui fornelli.
b. lasciata piena di polvere.
c. lasciato pieno di briciole e di biscotti.
d. lasciato a terra.
e. lasciati sul tavolo.
f. lasciate sulla sedia.
g. lasciato aperto.
h. lasciati sul letto.

1. _____ / 2. _____ / 3. _____ / 4. _____ / 5. _____ / 6. _____ / 7. _____ / 8. _____

2. Finalmente Katia ha messo in ordine la sua stanza! Sentiamo cosa dice. Completa gli spazi con il pronome diretto e il participio corretti.

1. L'armadio _l'_ ho chius_o_.
2. I vestiti _____ ho mess_____ nell'armadio.
3. Le calze _____ ho lavat_____.
4. Il libro _____ ho mess_____ nella libreria.
5. I piatti _____ ho lavat_____.
6. La camera _____ ho pulit_____.
7. Le pentole _____ ho lavat_____.
8. Il divano _____ ho pulit_____.

20 Pronomi diretti

H Tutto sbagliato! Leggi il dialogo tra papà e figlio e completa gli spazi con il pronome diretto e i verbi corretti, al passato prossimo.

Figlio: Papà, ma Alessandro Manzoni è uno scrittore dell'Ottocento che ha fatto la Spedizione dei Mille per unificare l'Italia?
Papà: No, figliolo, la Spedizione dei Mille _____ Giuseppe Garibaldi.
Figlio: E chi ha scritto il romanzo *I Promessi Sposi*?
Papà: _____ Alessandro Manzoni.
Figlio: Papà, è Mussolini l'uomo politico dell'Ottocento che ha detto la frase *Fatta l'Italia, bisogna fare gli italiani*?
Papà: No, figliolo, questa frase _____ Massimo d'Azeglio.
Figlio: E chi ha fondato il fascismo?
Papà: _____ Mussolini. Mussolini è un uomo politico e dittatore, che è vissuto nel Novecento.
Figlio: E chi ha scoperto le Americhe?
Papà: _____ Cristoforo Colombo.
Figlio: Ma Cristoforo Colombo non è il pittore e scienziato che ha dipinto l'Ultima cena, il Cenacolo, dove c'è Cristo con i dodici apostoli?
Papà: No, quel capolavoro _____ Leonardo Da Vinci. Figliolo, bisogna studiare. Vedo che hai un po' le idee confuse.
Figlio: È vero papà!

I Leggi i mini-dialoghi e scegli il pronome diretto corretto.

1. Chi mi ha cercato?
   Ti / L' ha cercato la tua ragazza.
2. Chi *vi / ti* ha accompagnato al parco?
   Ci ha accompagnato il nonno.
3. Chi ti ha salutato?
   L' / Mi hanno salutato Giulio e Matteo.
4. Chi ha trovato quest'anello?
   L' / Li ha trovato Carlo.
5. Chi ha prenotato le camere?
   Li / Le ho prenotate io.
6. Chi L'ha chiamata?
   Mi / Ci ha chiamato il direttore della scuola.

L Leggi le frasi e riscrivile con i pronomi diretti deboli corretti, nella posizione giusta. Attenzione ai verbi al passato prossimo!

1. Carla ha preparato le bambine e ha portato le bambine a scuola.
2. Quando preparo il caffè, tu non prendi mai il caffè.
3. Tutte le mattine viene da noi e accompagna noi in ufficio.
4. Gli esercizi che ho spiegato, tu non hai capito gli esercizi.
5. Vengo all'università e porto voi a casa in macchina.
6. Stamattina ho incontrato Paola e ho invitato Paola alla mia festa.

21 Ne partitivo (2)

seconda parte

A Leggi il dialogo e completa gli spazi con le parti che mancano.

> ne ho comprati / ne ho presi / ne ho preso / ne ho preso / chilo / litri / chilo / chili / etti

A: Sei andato a fare la spesa?
B: Sì, ci sono andato.
A: Allora, vediamo un po'. Quanti _____ (1) di latte hai preso?
B: _____ (2) uno.
A: Come uno? Ne servono due.
B: Quanto pane hai preso?
A: _____ (3) mezzo _____ (4).
B: Ma no, ne serve un _____ (5).
A: Quanta pasta hai comprato?
B: _____ (6) due _____ (7).
A: Ne servono 4.
B: Quanto prosciutto hai comprato?
A: _____ (8) due _____ (9).
B: Ne servono altri due.
A: E va bene! Adesso ritorno al supermercato e prendo quello che manca.
B: E mi raccomando, stai attento a non sbagliare questa volta!

B 1. Leggi che cosa ha fatto Mattia.

> Stamattina, ho fatto una doccia e sono uscito di casa presto, perché lavoro in una città a 100 Km da qui. La macchina è dal meccanico e quindi sono dovuto andare in ufficio con i mezzi pubblici. Ho preso un autobus e in trenta minuti sono arrivato in centro. Poi, ho preso il treno e ho fatto cinquanta minuti di viaggio. Quando sono arrivato alla stazione, ho dovuto prendere un altro autobus che mi ha accompagnato sulla strada principale e poi ho camminato per quindici minuti. Quando sono arrivato in ufficio, ho preso un caffè e ho cominciato subito a lavorare. Mi sono alzato diverse volte per andare in bagno e per bere altri tre caffè, prima della pausa pranzo. Sono un grande fumatore e dopo ogni caffè, ho fumato una sigaretta. Alle 13:30, ho fatto la pausa pranzo. Ho mangiato un piatto di pasta, per secondo due fette di carne con le patate e tre panini piccoli. Per finire il dolce; anzi i dolci: tre fette di torta e un babà. Quando sono tornato in ufficio, ho preso un altro caffè e ho fumato un'altra sigaretta. Ho finito di lavorare alle 17:30 e ho di nuovo preso gli stessi mezzi pubblici della mattina. Sono tornato a casa, ho fatto una doccia e ho mangiato un po' di insalata. Prima di andare a letto ho visto due film.

21 Ne partitivo (2)

2. Ora prova a completare gli spazi, con il genere e numero del participio e con la quantità, come mostra l'esempio.

1. Di treni, *ne* ho pres*i* ___due___.
2. Di autobus, *ne* ho pres___ ___.
3. Di caffè ne ho bevut___ ___.
4. Di piatti di pasta ne ho mangiat___ ___.
5. Di fette di carne ne ho mangiat___ ___.
6. Di fette di torta ne ho mangiat___ ___.
7. Di docce ne ho fatt___ ___.
8. Di film ne ho vist___ ___.

C

1. Collega le situazioni: prima e dopo, come mostra l'esempio.

Prima	Dopo
1. Due bottiglie di vino piene.	a. Due vasi rotti e uno intero.
2. Tre tazzine di caffè piene.	b. Tre tazzine di caffè vuote.
3. Un chilo di pane.	c. Una bottiglia vuota.
4. Cartone con pizza.	d. Mezzo chilo di pane.
5. Tre vasi interi.	e. Cartone di pizza vuoto.

(1 → c)

2. Pronomi *diretti* + *tutto* /a / i / e, oppure *Ne* + *quantità*? Rispondi alle domande, come mostra l'esempio.

1. Quante bottiglie di vino hanno bevuto?
   – ___Ne hanno bevuta una___.
2. Quante tazzine di caffè hanno bevuto?
   – _____.
3. Quanto pane hanno mangiato?
   – _____.
4. Quanta pizza hanno mangiato?
   – _____.
5. Quanti vasi hanno rotto?
   – _____.

22 Imperfetto

seconda parte

A Le differenze. Ieri e oggi. Leggi nella tabella le descrizioni al presente, Oggi, e scrivi le frasi nel punto giusto della colonna Prima, con i verbi all'imperfetto.

> La gente **passare** più tempo all'aria aperta. / **Esistere** il posto fisso / La donna **trascorrere** più tempo a casa. / Non tutti **guidare** la macchina. / **Esserci** meno stranieri in Italia. / I bambini **giocare** per strada.

Prima...	Oggi...
Non tutti guidavano la macchina	Tutti *guidano* la macchina.
_____	La gente *passa* il suo tempo sui social.
_____	I bambini *giocano* con i telefonini e il tablet.
_____	Anche la donna *lavora* ed *occupa* cariche importanti.
_____	*Ci sono* più immigrati.
_____	*Ci sono* più liberi professionisti.

B La nostra infanzia. Leggi le descrizioni di Paola da bambina e descrivi anche la tua.

1. Paola da bambina era molto magra e aveva i capelli corti e ricci.
   Io _____.

2. Paola giocava spesso con i suoi fratelli. Insieme uscivano a giocare in cortile con gli altri bambini.
   Io _____.

3. Paola era molto brava a scuola, andava bene quasi in tutte le materie.
   Io _____.

4. A Paola piaceva ballare e cantare. Prendeva lezioni di ballo e di canto.
   A me _____.

C Leggi il testo preso dal romanzo *Il giorno prima della felicità* di Erri De Luca e completa gli spazi, con l'Imperfetto Indicativo.

In cortile i bambini _____ (giocare) in mezzo al passato remoto dei secoli. La città _____ (essere) vecchissima, scavata imbottita di grotte e nascondigli. Nei pomeriggi d'estate quando gli abitanti _____ (essere) in villeggiatura o

centotré 103

22 Imperfetto

_____ (scomparire) dietro le persiane, _____ (io-andare) in un secondo cortile dove _____ (esserci) la bocca di una cisterna coperta da tavole di legno. _____ (io–sedersi) sopra a sentire i rumori. Dal fondo, chissà quanto più giù, _____ (venire) un fruscìo di acqua mossa. _____ (esserci) una vita rinchiusa là sotto, un prigioniero, un orco, un pesce. Tra le tavole _____ (salire) l'aria fresca e _____ (asciugare) il sudore. _____ (io-avere) nell'infanzia la più speciale libertà. I bambini sono esploratori e vogliono conoscere i segreti.

D Con le parole di ogni tabella, descrivi una scena al passato. Usa tutte le parole della tabella e aggiungi altre parole.

Persone e parole	Azioni
due ragazze – capelli biondi – il sole – spiaggia	**esserci** – prendere

1. Scena
   C'erano

Persone e parole	Azioni
parco – bambini – calcio – coppia di anziani – cane felice – erba	giocare – passeggiare – correre

2. Scena
   Al parco,

Persone e parole	Azioni
Le strade – città – **piene** – gente – piccolo chiosco – granite – gelati	essere – vendere

3. Scena
   Le strade   piene

23 Futuro Semplice

seconda parte

A Leggi e completa le frasi con i verbi, nella tabella del Futuro Semplice regolare, come mostra l'*esempio*.

1. La settimana prossima, io e Margherita ___*partiremo*___ per le vacanze. Andremo a Ischia.
2. Tra un mese (io) _____ per la Spagna, _____ per un anno a Madrid.
3. Alla fine dell'anno, i dirigenti _____ l'azienda ad una multinazionale.
4. Paolo non _____ più la sua macchina.
5. Abbiamo deciso, _____ la casa e _____ per Firenze, dove _____ per un paio di anni.
6. Gli operai _____ per un anno, per costruire la nuova Villa Comunale.
7. Quando _____ la vostra azienda?
8. _____ per un anno qui a Roma, poi _____ le sue cose e _____ per gli Stati Uniti.

LAVORARE	VENDERE	PARTIRE
io lavorerò	io venderò	io partirò
tu lavorerai	tu venderai	tu partirai
lui, lei, Lei lavorerà	lui, lei, Lei venderà	lui, lei, Lei partirà
noi lavoreremo	noi venderemo	noi partiremo
voi lavorerete	voi venderete	voi partirete
loro lavoreranno	loro venderanno	loro partiranno

B Collega le frasi e coniuga i verbi al Futuro Semplice regolare.

1. Con i soldi che abbiamo vinto alla lotteria,
2. Claudia non _____ (partire) più.
3. Bambini, questo fine settimana
4. Se _____ (tu-seguire) le mie indicazioni,
5. I calciatori _____ (portare) una fascia nera,
6. _____ (noi mangiare) tutto quello che
7. Giulia è ancora piccola.
8. Ragazzi, non vi preoccupate. _____ (noi vincere) la partita

a. _____ (arrivare) a destinazione prima del previsto.
b. Quando _____ (crescere), _____ (capire) tante cose.
c. ci _____ (loro mettere) nel piatto. Senza fare storie!
d. _____ (dormire) dai nonni.
e. in segno di lutto per le vittime del terremoto.
f. _____ (comprare) una casa in campagna.
g. e non vi _____ (deludere).
h. Ha deciso di rimanere qui, ancora qualche giorno.

1. _____ / 2. _____ / 3. _____ / 4. _____ / 5. _____ / 6. _____ / 7. _____ / 8. _____

23 Futuro Semplice

C Leggi le frasi e coniuga i verbi al Futuro Semplice regolare e irregolare.

1. Quando _____ (noi– arrivare) in campeggio, _____ (andare) subito a fare il bagno in spiaggia.
2. Che cosa _____ (fare) Domenico e Silvia dopo l'università?
3. Le mie amiche non _____ (potere) venire alla festa, se non le accompagniamo a casa alla fine della serata.
4. _____ (venire) anche voi con noi, oppure _____ (partire) più tardi con il treno delle 20:00?
5. Non _____ (io–uscire) più con quei ragazzi. Sono troppo maleducati!
6. Se usciamo adesso, per andare allo stadio, _____ (avere) più possibilità di trovare un parcheggio libero.
7. Se mi _____ (tu – dare) una mano a scaricare questi pacchi, ti _____ (io – accompagnare) a teatro e _____ (venire) con te, a vedere la nuova commedia.
8. Se dici a Giulia quello che è successo davvero, lei non ti _____ (volere) più vedere.

D Leggi i verbi e trova i tris dei verbi al Futuro Semplice, come mostra l'esempio.

Tris 1 (irregolare): *saremo, tradurrai, vorranno*
Tris 2 (irregolare): _____

saremo	partirai	berrai
arriveranno	tradurrai	uscirete
dovrò	canterai	vorranno

Tris 3 (regolare): _____
Tris 4 (irregolare): _____

dovrai	partiremo	berrete
capiranno	mangerai	dormirò
tradurrete	staranno	farà

Tris 5 (irregolare): _____
Tris 6 (regolare): _____

cadrete	potrò	porteremo
studieranno	vedrete	lavorerò
faranno	saranno	mangerà

seconda parte

E 1. Leggi le parti in grassetto e per ogni gruppo (A-B-C) indica il titolo giusto:

> Il viaggio / Una festa a sorpresa / Un esame importante

A. _____

li inviteremo / starà per arrivare, / grideremo: Tanti auguri! / Chiameremo tutti i suoi amici / lo aspetteremo / porterà qualcosa da mangiare / Appena entrerà,

B. _____

ci fermeremo verso ora di pranzo, / faremo altre quattro ore / Ci fermeremo all'autogrill / riprenderemo il cammino / ripartiremo in direzione / Riposeremo un po' / Partiremo alle 6:00 / Pernotteremo a Milano

C. _____

poi rileggerò / ripeterò tutto / Comincerò a leggere / farò una ricerca / Scriverò dei riassunti / evidenzierò tutte le parti

2. Ora per ogni gruppo (A-B-C) trova il testo corretto (1-2-3) e completa gli spazi con l'espressione giusta, come mostra l'esempio.

1. Partiremo alle 6:00 di mattina, per non trovare traffico. _____ per fare colazione e poi _____ e lungo la strada *ci fermeremo verso l'ora di pranzo* a Bologna. _____ e poi _____ di viaggio. _____ e il giorno dopo _____ Parigi.

2. _____ e *li inviteremo* a venire puntuali a casa di Mauro, ognuno _____ e da bere. Poi _____ e quando _____, ci nasconderemo tutti. _____, usciremo tutti e _____

3. _____ il primo libro ed *evidenzierò tutte le parti* più importanti, _____ solo le parti evidenziate e _____ su internet per approfondire gli argomenti. _____ che mi aiuteranno a preparare la parte orale e alla fine _____ ad alta voce.

perfetto! 1

A Leggi e collega le frasi con i pronomi.

1. Le ragazze vogliono andare via,…
2. Le magliette pulite…
3. Lo studio è ancora aperto.
4. Che cosa è successo allo schermo del tablet?
5. I piatti sono in cucina.
6. Com'è bella questa statua!

a. Li porti qui, per favore?
b. Per favore, lo puoi chiudere tu, prima di andare via?
c. Chi l'ha fatta?
d. le accompagni tu?
e. Chi l'ha rotto?
f. le ho già stirate. Sono sul letto.

1. _____ / 2. _____ / 3. _____ / 4. _____ / 5. _____ / 6. _____

Tot: _____ /3

B Leggi i mini-dialoghi e sottolinea il pronome corretto.

1. (Marito e moglie sono a letto e squilla il cellulare della moglie.)

   A: Ma chi *mi / ti / lo* chiama a quest'ora?

   B: Non ti preoccupare, caro. *Mi / Vi / Li* ha chiamato l'idraulico.

   A: L'idraulico… a quest'ora!

2. (In carcere)

   A: Perché siete qui? Che cosa avete fatto?

   B: *Vi / Li / Ci* hanno arrestato durante la spesa al supermercato.

   A: E cosa avete rubato?

   C: Niente! Qualcuno ha messo del cibo nelle tasche dei nostri cappotti e noi non *ci / l' / li* abbiamo visto. Così quando siamo passati accanto alla cassa per andare via, è suonato l'allarme.

   A: Qualcuno? Mh… che furbi che siete!

3. (La Mafia uccide ancora…)

   Capomafia: Hai fatto il tuo dovere? Hai ucciso i fratelli Masino?

   Killer: Sì, capo *l' / li / le* ho uccisi.

   Capomafia: Sei sicuro?

   Killer: Certo, capo!

   Capomafia: E allora quei due che prendono il caffè al bar, chi sono?

   Killer: Oh mamma mia! Sono i fantasmi dei fratelli Masino.

   Capomafia: Cretino! Io non ho mai visto due fantasmi prendere un caffè. Se non fai il tuo dovere, *mi / ci / ti* uccido io, così vediamo anche il tuo fantasma.

   Killer: Certo, certo capo. Vado subito!

Tot: _____ /3

TEST 3

C Leggi le frasi e completa gli spazi con i pronomi diretti corretti: *deboli* o *forti*? Attenzione agli intrusi!

1. mi / ci / te
   A: Scusa, Tina, _____ puoi aiutare, per favore?
   B: Io aiuto solo _____, gli altri non mi sono simpatici.

2. loro / li / le
   A: Hai invitato i tuoi cugini alla festa di compleanno?
   B: No, non _____ voglio invitare. Preferisco invitare _____, Carlo e Matteo, che sono i miei migliori amici.

3. noi / ci / lo
   A: Ma che cos'è successo, stanotte?
   B: I rumori per strada hanno svegliato _____ e i vicini di casa.
   A: Ma quali rumori? Che cos'è successo?
   B: Non _____ so, forse è stato un incidente.

Tot: _____ /3

D Indica se le azioni o gli oggetti nelle foto sono presenti nella descrizione delle frasi (Sì), oppure se non sono presenti (No).

1. Stamattina, ne ho mangiati dieci a colazione nel latte.
2. Quando siamo stati in montagna, ne abbiamo vista una molto bella.
3. Ne ho comprate due in edicola e le ho lette in treno.
4. L'abbiamo ordinata ieri sera per la cena e ne è rimasta una fetta.
5. L'abbiamo trovato per strada. Ti ricordi?
6. Ne ho fatti due molto carini, mi piacciono tanto.

A. Sì – No   B. Sì – No   C. Sì – No   D. Sì – No   E. Sì – No   F. Sì – No

Tot: _____ /3

UNITÀ 20-23

E Leggi i testi e completa gli spazi con i pronomi diretti: *lo, li, le, ne*.

1. Per strada, abbiamo trovato due cuccioli tristi e sporchi. _____ abbiamo portati a casa nostra. _____ abbiamo regalato uno ai vicini e l'altro è rimasto con noi. Spesso giocano insieme e adesso sono molto felici.

2. Le ragazze sono andate al parco in bicicletta, ma hanno fatto un incidente e così _____ hanno portata una in ospedale, ma non è grave. Le altre due ragazze stanno bene, sono andate anche loro in ospedale, ma solo per fare compagnia alla loro amica. Le biciclette _____ hanno lasciate in un negozio.

3. I ladri sono entrati nel museo e hanno rubato due quadri molto costosi. _____ hanno venduto uno, invece l'altro _____ hanno tenuto in casa con loro, per questo la polizia è riuscita ad arrestarli.

Tot: _____ /3

F Leggi e collega le frasi.

1. Ho visto delle scarpe in vetrina molto belle e…
2. I rapinatori hanno sequestrato gli impiegati della banca, …
3. L'autore di questo libro ha scritto dieci libri, …
4. Dei libri che mi hanno regalato al mio compleanno, …
5. Ho lasciato il tiramisù in frigo per stasera, …
6. La squadra ha giocato trenta partite quest'anno e…

a. ma qualcuno ne ha già mangiata la metà.
b. ne ha vinte venticinque.
c. ma per fortuna ne hanno già rilasciati alcuni.
d. non ho resistito, ne ho comprato un paio.
e. ma ne ha pubblicati solo tre.
f. non ne ho letto neanche uno.

1. _____ / 2. _____ / 3. _____ / 4. _____ / 5. _____ / 6. _____

Tot: _____ /3

G Leggi il testo dal romanzo "Novecento" di Alessandro Baricco e completa gli spazi con il verbo all'Imperfetto Indicativo.

… Potevi pensare che lui era matto. Ma non _____ (essere) così semplice. Quando uno ti racconta con assoluta esattezza che odore c'è in Bertham Street, d'estate, quando ha appena smesso di piovere, non puoi pensare che è matto per la sola stupida ragione che in Bertham Street, lui, non c'è mai stato. Negli occhi di qualcuno, nelle parole di qualcuno, lui, quell'aria, l'aveva respirata davvero. Ma erano ventisette anni che il mondo _____ (passare) su quella nave ed erano ventisette anni che lui, su quella nave, lo _____ (spiare). In questo era un genio, niente da dire. Sapeva ascoltare. E sapeva leggere. Non i libri, quelli son buoni tutti, sapeva leggere la gente. I segni che la gente si porta addosso: posti, rumori, odori, la loro terra, la loro storia … Tutta scritta, addosso. Lui _____ (leggere) e, con cura infinita, catalogava, _____ (sistemare), _____ (ordinare).

(Testo preso e adattato da: http://www.oceanomare.com/opere/citazioni/)

Tot: _____ /3

TEST 3

H Leggi e collega le frasi.

1. Una volta, in città...
2. Oggi, la città...
3. Da bambina...
4. Marta...
5. Prima i giovani...
6. I giovani di oggi...

A. si incontravano
B. è
C. aveva
D. c'erano
E. chattano e fanno
F. porta

a. per strada, per discutere e scambiare quattro chiacchiere.
b. piena di supermercati e centri commerciali.
c. i selfie con i cellulari.
d. i capelli lunghi e li portava sempre legati.
e. i capelli corti e un po' mossi.
f. tanti piccoli negozi che vendevano prodotti locali.

1. _____ – _____ / 2. _____ – _____ / 3. _____ – _____
4. _____ – _____ / 5. _____ – _____ / 6. _____ – _____

Tot: _____ /6

I Leggi il testo e completa gli spazi con i verbi giusti, al Futuro Semplice.

dovere / cercare / potere / andare / riuscire / rimanere

Il corso d'inglese finirà alla fine di giugno. A metà maggio, dovremo organizzare un viaggio in Inghilterra, dove _____ per sei mesi, per mettere in pratica quello che impareremo durante il corso. _____ a Londra e i primi giorni li dedicheremo a visitare la città. Poi dopo qualche giorno, _____ trovare un lavoro. Sarebbe meglio riuscire a trovare dei lavori in ristoranti, o in qualche albergo, così pratichiamo la lingua. Subito dopo _____ un appartamento. Vivremo insieme, così _____ dividere le spese. Sono sicuro che se tutti ci impegneremo durante il corso e _____ a creare un bel gruppo, il viaggio sarà un'esperienza meravigliosa e indimenticabile.

Tot: _____ /3

Calcolo punteggio

A–B–C–D–E–F–G–H: 2 errori = –1

Tot: _____ /30

UNITÀ 20-23

24 Pronomi indiretti

A Guarda le immagini con i pronomi soggetto e completa gli spazi con il verbo *piacere*, i nomi, le azioni e i pronomi complemento, come mostra l'*esempio*.

Pronome soggetto	Pronome complemento
Io	*Mi piacciono le fragole*
tu	*piace*
lui, lei, Lei	
noi	
voi	
loro	

ti	mi
gli	ci
le	vi
Le	gli

le fragole	gli scacchi
sciare	nuotare
il calcio	l'opera
il basket	ballare

B Collega le frasi e completa gli spazi con i pronomi indiretti: *gli* (maschile singolare), *le*, *Le*, *gli* (maschile e femminile plurale).

1. Paolo adora l'inverno,
2. Carla vive da tanti anni in Australia
3. I ragazzi vanno in gita e 50,00 € sono pochi,
4. Non ho il numero di Claudia.
5. Dottor Sarti, _____ potrei fare un bonifico
6. I miei figli sono tremendi,

a. ma _____ voglio un bene da morire.
b. non _____ bastano.
c. e _____ mancano i suoi genitori.
d. _____ piacciono molto lo sci e lo snowboard.
e. da 10.000,00 € se vuole.
f. _____ telefoni tu?

1. _____ / 2. _____ / 3. _____ / 4. _____ / 5. _____ / 6. _____

seconda parte

C Completa i mini-dialoghi con i pronomi indiretti corretti.

1. A: Scusi, sto chiamando per sapere se _____ interessa acquistare la casa in vendita.
   B: Certo, _____ interessa, ma vorrei maggiori informazioni.
2. A: Che _____ succede, Katia?
   B: Niente, non ti preoccupare. Sto bene, grazie!
3. A: Ragazzi, che cosa _____ legge la mamma prima di dormire?
   B e C: _____ legge dei racconti sulle fate e sugli gnomi.
4. A: Che cosa regaliamo a Giulio?
   B: _____ possiamo regalare il nuovo cd di Giorgia.
5. A e B: Papà, che cosa _____ porti dall'Australia?
   C: Vi porto un bel canguro.
6. A: Perché i nonni sono così arrabbiati? Che cosa _____ succede?
   B: Non ti preoccupare! Niente di serio.

D Leggi le frasi e completa gli spazi con le parole, come mostra l'*esempio*.

il mio cellulare / la tua macchina / mi / ti

1. Io _____ do _____, se tu _____ presti *la tua macchina*.

davvero / di ripetere l'esame / vi / ci

2. _____ diamo la possibilità _____, se _____ promettete che vi impegnate _____.

il loro / ci / un lavoro / gli

3. _____ offriamo _____, solo se _____ portano _____ curriculum.

ci / bene / il gelato / le

4. _____ compriamo _____, solo se _____ promette di comportarsi _____.

ti / subito / un messaggio / le

5. Se _____ mandi _____, _____ risponde _____.

hai detto / ripeti / gli / più piano

6. Sono studenti d'italiano, ma se _____ ripeti quello che _____, _____, loro ti capiscono.

24 Pronomi indiretti

E Leggi le frasi e completa gli spazi con i pronomi indiretti deboli e forti.

> a me / a voi / a lei / gli / a lui / a loro / a Lei / ti / a te / a noi

Pronomi indiretti deboli	Pronomi indiretti forti
Giulia mi telefona	Giulia telefona _____
Giulia _____ telefona	Giulia telefona _____
Giulia le telefona Giulia _____ telefona Giulia Le telefona	Giulia telefona _____ Giulia telefona _____ Giulia telefona _____
Giulia ci telefona	Giulia telefona _____
Giulia vi telefona	Giulia telefona _____
Giulia gli telefona	Giulia telefona _____

F Leggi le frasi e completa gli spazi con i pronomi indiretti forti, che corrispondono ai pronomi deboli in parentesi (...), come mostra l'*esempio*.

1. _____*A lei*_____ (le) insegno l'inglese, invece _____ (gli – plurale) un po' di matematica.

2. _____ (ti) sto preparando una pizza, invece _____ (vi) un po' di insalata.

3. _____ (mi) può prestare la macchina, invece a _____ (ti) la bicicletta.

4. La suocera _____ (ci) vuole molto bene.

5. _____ (Le) invieremo una raccomandata per posta.

6. _____ (gli – singolare) raccontano troppe bugie.

seconda parte

G Completate le frasi con i pronomi indiretti deboli, che corrispondono agli oggetti in parentesi.

1. (al vigile) _____Gli_____ ho chiesto un' informazione.
2. (alla mamma) _____ ho fatto conoscere il mio amico.
3. (a mia figlia) _____ ho comprato un paio di pantaloni.
4. (a voi) _____ ho detto un segreto.
5. (a me) _____ hanno mandato una cartolina di auguri.
6. (a noi) _____ può indicare la strada?
7. (a Lei) _____ ho detto tutta la verità.
8. (a loro) _____ ho venduto la mia vecchia macchina.

H Leggi le frasi e riscrivile: sostituisci le parti in *corsivo*, con i pronomi indiretti deboli corretti (mi, ti, gli…).

1. Ho appena incontrato Serena e ho prestato *a Serena* i miei libri.
   _____.

2. Paolo non mi ha sentito. Ho appena detto *a Paolo* di non gridare.
   _____.

3. Ci hanno fermato per strada e hanno rubato la macchina *a noi*.
   _____.

4. È appena arrivato il postino e ha portato *a voi* un pacco molto grande.
   _____.

5. Mi ha appena telefonato la compagnia telefonica e ha fatto *a me* una nuova proposta di contratto.
   _____.

6. Per l'ora di pranzo, non sono a casa. Comunque ho lasciato il pranzo *a te* sul tavolo, in cucina.
   _____.

I Leggi le frasi da collegare. Attenzione alla posizione del pronome!

1. Perché volete
2. Perché non vuoi
3. Perché gli volete
4. Scusi, mi sa
5. Perché non mi vuoi
6. Devi
7. Scusi, sa
8. Le devi

a. spiegare che si tratta di un malinteso.
b. dargli sempre ragione?
c. dirmi dov' è la Posta Centrale?
d. parlare dei tuoi problemi?
e. spiegarle che si tratta di un malinteso.
f. dire dov'è la Posta Centrale?
g. dare sempre ragione?
h. parlarmi dei tuoi problemi?

1. __b__ / 2. _____ / 3. _____ / 4. _____ / 5. _____ / 6. _____ / 7. _____ / 8. _____

25 Condizionale Semplice

A Leggi e completa le frasi con i verbi nella tabella sotto, come mostra l'esempio. Attenzione! Non servono tutti i verbi della tabella.

1. _Prenderei_ volentieri un altro autobus, questo è troppo pieno, ma purtroppo sono già in ritardo.
2. Con questi prezzi non credo proprio che Giulio e Marta _____ con noi per le Maldive.
3. Immaginiamo di essere su una spiaggia deserta. _____ e balleremmo fino all'alba.
4. Dice che _____ volentieri una macchina nuova, ma purtroppo non ha abbastanza soldi.
5. _____ volentieri al posto vostro, ma purtroppo non abbiamo una bella voce.
6. _____ con il treno delle 10.00, ma mancano ancora un po' di persone.
7. _____ con me, per farmi compagnia in questo viaggio di lavoro?
8. Andate al supermercato? _____ per me una bottiglia di vino rosso?

Cantare	Prendere	Partire
io canterei	prenderei	partirei
tu canteresti	prenderesti	partiresti
lui, lei, Lei canterebbe	prenderebbe	partirebbe
noi canteremmo	prenderemmo	partiremmo
voi cantereste	prendereste	partireste
loro canterebbero	prenderebbero	partirebbero

B Leggi le frasi e coniuga i verbi al Condizionale Semplice.

1. _____ (dormire) volentieri ancora un po', ma è tardi e deve alzarsi per andare in ufficio.
2. Io al posto tuo _____ (provare) un altro vestito, prima di comprare questo qui.
3. Scusi, mi _____ (portare) il conto?
4. Non capisco perché Giulia non è ancora arrivata. La _____ (chiamare), ma non ho il suo numero di telefono.
5. _____ (voi-guardare) un altro film con me, prima di andare a dormire?
6. Claudio e Silvia _____ (uscire) con noi, ma non hanno la macchina.
7. Mi scusi, _____ (accompagnare) i ragazzi alla stazione?
8. Fa freddo! _____ (tu-chiudere) la porta, per favore?

seconda parte

C Leggi le frasi, scegli il verbo giusto e poi completa gli spazi con la forma corretta, come mostra l'esempio.

traduresti – tradurresti / daresti – ~~darresti~~ / fareste – farreste / saprebbe – saperebbe / potreste – potereste / rimaremmo – rimarremmo / veniresti – verresti / sarebbero – sarrebbero / avresti – averesti

1. Mi _____daresti_____ quel libro che è sul secondo scaffale?
2. _____ volentieri a casa, ma non possiamo mancare alla festa di diciotto anni di nostra nipote.
3. Ci _____ un favore? _____ accompagnarci alla stazione? Siamo un po' in ritardo.
4. _____ con me a fare un po' di spese?
5. _____ disposti a partire con noi in macchina alle 5:00 di mattina, per evitare il traffico?
6. _____ intenzione di lasciarmi qui da sola alla festa e di tornare a casa?
7. Per favore, ci _____ questo testo in arabo?
8. _____ dirmi, Signora, a che ora ritorna Suo figlio Luca?

D Leggi il testo e trova tutti i verbi al Condizionale Semplice. Poi indica nello spazio solo i verbi irregolari.

A: Che cosa cambieresti di te o della tua vita?

B: Il colore dei capelli, li farei più scuri, poi vorrei essere un po' più alto, così riuscirei a prendere tutte le cose negli armadi di casa, senza salire sulla sedia. Lavorerei di meno e penserei a come organizzare meglio il mio tempo, per passarlo con i miei amici e la mia famiglia. Così faremmo insieme tante cose: andremmo a fare la spesa, guarderemmo un film, usciremmo per una pizza o anche solo per un semplice aperitivo. Insomma cose semplici, non chiedo tanto. E poi starei di più con Maggie e Cara le mie cagnoline così loro si sentirebbero meno sole e avremmo più tempo per giocare insieme.

A: Io, invece, ...

Verbi irregolari: _____

25 Condizionale Semplice

E 1. Leggi le frasi e completa gli spazi con il verbo corretto, al Condizionale Semplice.

potere (3) / fare / partire / andare / dovere / volere

1. Sono un po' stressato. _____ volentieri per una bella vacanza.
2. Se ti fa male la schiena, _____ fare un po' di ginnastica.
3. _____ portarci il conto per favore?
4. Mi piace ballare il tango, _____ iscrivermi ad un corso per prendere delle lezioni.
5. _____ prendere un aperitivo insieme e poi andare al cinema. Ti va?
6. Se non ti piace quello che fai, secondo me, _____ provare a cambiare lavoro.
7. Al posto tuo, _____ a chiedere maggiori informazioni, per sapere quando cominciano le lezioni.
8. _____ meglio a uscire con noi, se non vi va di rimanere a casa da soli.

2. Ora indica, per ogni situazione, la funzione comunicativa corretta.

Esprimere un desiderio: _____
Dare consigli: _____
Chiedere qualcosa in modo gentile: _____
Fare una proposta: _____

F Leggi le abitudini di Giulia e Stefano e prova a dire che cosa faresti con ognuno di loro. Dove andresti? Che cosa organizzeresti con loro? Usa il Condizionale Semplice.

Mi chiamo Giulia e sono una donna molto sportiva, la mattina mi alzo presto per andare a correre al parco. Poi torno a casa, faccio una doccia e dopo una colazione veloce, esco per andare in ufficio. La sera dopo il lavoro, vado a prendere un aperitivo con gli amici e qualche volta andiamo insieme in un ristorante, oppure andiamo al cinema.

Mi chiamo Stefano e sono una persona molto socievole. Amo viaggiare, infatti passo spesso i miei fine settimana fuori in qualche città europea. Quando viaggio, mi piace girare la città, visitare qualche museo e qualche chiesa antica. La sera, preferisco andare in qualche locale a bere una birra fresca e ad ascoltare musica dal vivo, soprattutto jazz o blues.

Esempio: Con Giulia andrei a correre tutte le mattine. Con Stefano passerei un fine settimana a Vienna.

26 Imperativo diretto — seconda parte

T.G. p.133

A La coniugazione

1. Completa gli spazi con la forma giusta dell'Imperativo TU e poi collega le varie voci dell'Imperativo, come mostra l'esempio.

> bevi–beve / mangi–mangia / giochi–gioca / togli–toglie / vedi–vede / senti–sente / scusi–scusa / parti–parte / ~~lavori–lavora~~ / arrivi–arriva / guardi–guarda / metti–mette / prendi–prende / versi–versa

	TU	NOI	VOI
a. lavorare:	lavora	guardiamo	sentite
b. prendere:		togliamo	partite
c. sentire:		partiamo	mettete
d. scusare:		prendiamo	bevete
e. bere:		mangiamo	mangiate
f. mangiare:		versiamo	versate
g. arrivare:		sentiamo	lavorate (a)
h. partire:		scusiamo	scusate
i. guardare:		mettiamo	togliete
l. vedere:		lavoriamo (a)	arrivate
m. giocare:		arriviamo	guardate
n. mettere:		vediamo	vedete
o. versare:		beviamo	prendete
p. togliere:		giochiamo	giocate

2. Leggi le frasi e coniuga il verbo nella forma corretta: *tu, noi, voi*...

   1. Se vuoi imparare una lingua straniera, _____ (ascoltare) un po' di canzoni.
   2. Passate troppo tempo a giocare alla playstation. _____ (uscire) un po', _____ (fare) anche qualcosa di più creativo e divertente.
   3. Per le vacanze, andiamo sempre fuori, in un altro paese. _____ (fare) un po' i turisti della nostra città. _____ (visitare) qualche museo, _____ (vedere) qualche mostra.
   4. Purtroppo, non possiamo stare troppo al sole. _____ (portare) con noi anche l'ombrellone!
   5. Hai già visto le foto del nostro matrimonio? _____ (venire) che ti mostro l'album.
   6. _____ (portare) più soldi. Questi non vi basteranno.

26 Imperativo diretto

B Funzioni comunicative

1. Leggi le frasi e completa gli spazi con il verbo che indica l'istruzione e l'indicazione corretta.

> azionate / studiate / preparate / fate / versate / lasciate / **appoggiate** / arrivate / girate / portate / provate

1. _Appoggiate_ la gamba destra sulla gamba sinistra e _____ l'esercizio come mostra l'immagine.
2. _____ l'olio nella padella e _____ friggere un po' l'aglio.
3. _____ l'allarme prima di uscire di casa.
4. _____ e _____ qualche dolce per la festa di domani.
5. _____ in piazza e _____ alla seconda traversa a sinistra.
6. Per l'esame _____ questo capitolo e _____ a ricordare le informazioni principali.

2. Leggi le frasi e metti in ordine le parti in parentesi.

1. Stasera siamo tutti un po' stanchi. _____ (un po'! – a casa, – rimaniamo – a riposare).
2. È da molto tempo _____ (qualcosa – non facciamo – che – insieme). Andiamo al cinema stasera!
3. Quando partiamo, _____ (200,00€ – di solito – con noi – portiamo) a testa. Questa volta però, portiamo anche la carta di credito! Non si sa mai.
4. Perché usciamo con due macchine? Una basta. _____ (consuma – la mia – Prendiamo – di meno – che)!
5. _____ (persone – troppe –per organizzare – siamo) una cena a casa mia. Andiamo in pizzeria!
6. _____ (prima – così – sicuri – siamo – partiamo) di arrivare puntuali! Se partiamo in tarda mattinata, rischiamo di fare tardi.

Ora prova a indicare, per ogni frase, la parte con il verbo all'Imperativo Noi, che indica una proposta.

1. _____
2. _____
3. _____
4. _____
5. _____
6. _____

seconda parte

3. Tuo figlio ne combina di tutti i colori. Sei davvero stanca ed è ora di chiamarlo all'ordine. Leggi le frasi e <u>sottolinea</u> solo i verbi che indicano un ordine, con l'Imperativo.

1. <u>Vestiti</u> meglio.
2. Smettila di fumare le sigarette.
3. Non fumi più le sigarette.
4. Torna a casa prima di mezzanotte.
5. Studia di più.
6. Di solito vesti molto sportivo.
7. Mangia cose più sane.
8. Metti in ordine la tua camera.
9. Qualche volta torna abbastanza tardi.

C Forma negativa

1. Leggi le frasi e completa gli spazi con la forma negativa corretta: *tu*, *noi* e *voi*.

1. Ragazzi, _____ (portare) dolci al cioccolato, per la festa di domani.
2. _____ (uscire) con due macchine! Una basta, prendiamo la mia.
3. Giulio, _____ (lasciare) la tua camera in disordine.
4. _____ (partire) troppo tardi! Cerchiamo di arrivare puntuali.
5. Avete capito quello che ho detto? Per l'esame, _____ (dimenticare) di studiare questo capitolo.
6. _____ (mangiare) troppi grassi e _____ (bere) alcolici, quando esci con i tuoi amici. Altrimenti, la dieta non serve a niente.

2. Leggi e indica solo le frasi che descrivono delle cattive abitudini.

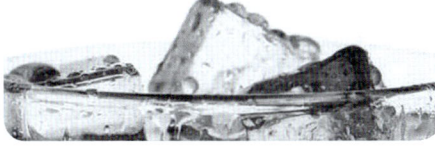

Frase: _____1_____

1. I bambini bevono troppa coca-cola a pranzo.
2. Mangiamo spesso frutta e verdura.
3. Quando sono al mare, le ragazze prendono troppo sole, soprattutto nelle ore di punta.
4. Quando usciamo, beviamo troppa birra.
5. Giulia studia e fa anche molto sport.
6. Paola è troppo gelosa, controlla spesso il cellulare del suo fidanzato.

Ora prova a dare dei consigli. Usa la forma negativa del verbo corretto.

1. *Non bevete tutta questa coca cola!*

26 Imperativo diretto

D L'imperativo con i pronomi

1. Leggi le frasi e completa gli spazi con la forma corretta dell'Imperativo e con i pronomi giusti.

1. Non *fai* sport? _____, è utile e fa bene alla salute.
2. Non *ascoltate* mai la musica? ____Ascoltatela____! Aiuta a rilasssarvi e a distrarvi un po'.
3. Non *invitiamo* mai i nostri amici, per una cena a casa nostra. _____ stasera, potremmo preparare delle pizze.
4. Non *andate* mai allo stadio a vedere una partita di calcio? _____ con loro, la prossima volta. Vi divertirete.
5. Non *andiamo* al cinema da molto tempo. _____ questa sera! Ti va?
6. Non *bevi* mai il vino? _____ un po', ti piacerà.

2. Riscrivi le frasi all'imperativo negativo, con il pronome corretto nel posto giusto.

1. Non ascoltare la musica con il volume troppo alto. Fa male all'udito.
   ____Non la ascoltare____ / ____Non ascoltarla____

2. Non accendete il forno! Fa troppo caldo.
   _____ / _____

3. Non prendiamo l'autobus! Possiamo andarci a piedi.
   _____ / _____

4. Non promettere niente ai bambini! Potrebbero rimanere delusi.
   _____ / _____

5. Non mangiate questi funghi, perché vi fanno male.
   _____ / _____

6. Non dare fastidio a Giulia! Sta studiando per l'esame.
   _____ / _____

E Le forme tronche e irregolari dell'imperativo Tu

1. Completa la tabella con le forme corrette dell'Imperativo.

andiamo / di' / fa' / andate / date / da'

Infinito	Imperativo Tu	Imperativo Noi	Imperativo Voi
fare	fai / _____	facciamo	fate
dare	dai / _____	diamo	_____
dire	_____	diciamo	dite
andare	va'	_____	_____
essere	sii	siamo	siate
avere	abbi	abbiamo	abbiate

Attenzione! Le forme tronche prendono l'apostrofo: fa', da'…

122 centoventidue

seconda parte

2. Completa gli spazi con una delle forme irregolari: *abbi*, *fa'*, *da'*, *sii*, *di'*, *va'*.

   1. _____ quello che ti dico e non ti pentirai.
   2. _____ una mano a tuo fratello, non vedi che è disoccupato da un anno?
   3. Carlo, se vai a fare la spesa, _____ al supermercato del centro.
   4. Fabio, _____ la verità. Dove sei stato?
   5. _____ più paziente e vedrai che le cose si risolveranno.
   6. _____ cura del mio cagnolino.

3. Per ogni frase, completa solo le caselle che corrispondono ai pronomi degli oggetti, come mostrano gli *esempi*.

Frase	Diretto*				Indiretto**			Particella	
	lo	la	li	le	gli (sing.)	le	gli (plur.)	ci	ne
*Fa' **i compiti**.			fa**li**						
*Di' **la verità**.									
Da' **a Giulia la borsa.						da**lle**			
Va' **a scuola**.									
*Fa' **il lavoro**.									
*Da' **le penne a Claudio**.									
Di' **la risposta a Paolo.									
Fa' **un favore ai tuoi amici.									
Da' **un foglio al collega**.									

4. Completa le frasi con la forma tronca del verbo ed il pronome corretti.

   1. La pizza non la *fare* oggi, *falla* domani.
   2. Matilde, la poesia non la *dire* adesso, _____ dopo pranzo.
   3. A Marta piacciono i fiori, ma non le *dare* dei fiori semplici, _____ delle rose rosse.
   4. Non *andare* al cinema stasera, _____ domani.
   5. A Giulio, non *dare* i soldi in contanti, _____ un assegno.
   6. Non le *fare* domani le faccende di casa, _____ adesso.

centoventitré 123

27 Passato prossimo e Imperfetto

T.G. p.133

A Leggi le frasi e completale con le espressioni nel riquadro.

una doccia / ho fatto subito / dormivo ancora

1. Stamattina, mi sono alzato alle 7:00 e _____ho fatto subito_____.
2. Stamattina, mentre mi alzavo dal letto, _____.

la tv / guardavo / la tv / ho acceso

3. Appena sono arrivata a casa, _____.
4. Mentre preparavo la cena, _____.

ascoltavo / un po' di musica / in palestra / sono andato

5. Quando ho finito di lavorare, _____.
6. Mentre lavoravo in ufficio, _____.

pensavo / la spesa / sono andato / alle cose / a fare / da comprare.

7. Ho pulito la casa e poi _____.
8. Mentre pulivo la casa, _____.

B Completate le frasi con i verbi al Passato Prossimo e all'Imperfetto, come mostra l'*esempio*.

Mentre noi __discutevamo__, qualcuno __ha bussato__ alla porta. (bussare – discutere)

1. Purtroppo, noi _____ fretta e quindi _____ di salutare Corrado.
(dimenticarsi – avere)

2. Lisa e Cesare _____ quando _____ l'Università.
(conoscersi – frequentare)

3. Mentre _____ per uscire, _____ Barbara e Attilio. (stare – arrivare)

4. Ieri sera, Gerardo _____ tardi, perché stamattina non _____ andare a scuola.
(fare – dovere)

5. Bianca _____ la vicina che _____ dall'ufficio.
(salutare – rientrare)

6. Mentre noi _____ l'autobus, _____ a piovere.
(cominciare – aspettare)

seconda parte

C Completa il brano con i verbi al Passato Prossimo e all'Imperfetto.

LETTERA IN UNA BOTTIGLIA!

Mia figlia non _____ (pensare) di ricevere una lettera da un ragazzo italiano che non _____ (conoscere) affatto. L'anno scorso mentre _____ (noi tornare) in Grecia con il traghetto, Sofia _____ (mettere) in una bottiglia un pezzo di carta, con il suo nome e l'indirizzo. _____ (gettare) la bottiglia in mare e da allora non ci _____ (pensare) più. Dopo sei mesi, _____ (ricevere) una lettera da un ragazzo di Bari. Da allora, i due ragazzi _____ (sentirsi) regolarmente, tutti i giorni su whatsapp e finalmente, dopo due anni, _____ (decidere) di incontrarsi in Italia, sulla spiaggia dove lui _____ (trovare) la bottiglia.

D Leggi il testo al passato e completalo con le parti che mancano.

ha alzato la testa e non potevo / ha avuto il coraggio / ho visto una ragazza / Ero in macchina / così mi sono fermato / ci siamo scambiati / e lei non riusciva a sentirmi / forse aveva paura / l'ho convinta a salire / e mi sono avvicinato a lei / Non sapevamo

_____, pioveva e da lontano _____ _____ sola, alla fermata dell'autobus e senza ombrello. Mi dispiaceva lasciarla lì sotto la pioggia, _____ e ho abbassato il finestrino. Pioveva davvero molto forte _____, perché era abbastanza lontana, _____ o forse era un po' timida. Così, sono sceso dalla macchina con un ombrello _____, aveva il capo basso per coprirsi dalla pioggia e tutti i capelli bagnati. Appena l'ho coperta con l'ombrello _____ credere ai miei occhi... Era lei, Claudia, la mia ex. _____ cosa dirci, se salutarci o scappare via. Alla fine, siamo riusciti a scambiarci un ciao e _____ in macchina. Mentre guidavo, _____ poche parole, un come stai, che fai, stai lavorando, ma nessuno dei due _____ di dire all'altro *"Lo sai che mi manchi"*.

A Leggi le frasi e completa gli spazi con i pronomi indiretti: *le, gli, Le*.

1. Ciro vive da molti anni in Brasile e _____ mancano la sua città, la famiglia e la pizza napoletana.
2. Ho incontrato Caterina, per strada, e _____ ho dato un passaggio in macchina.
3. Scusi, _____ posso chiedere un'informazione?
4. I nonni amano i loro nipoti, _____ portano sempre tanti regali.
5. Giulia ha perso gli appunti che _____ ho prestato.
6. Giovanna non vede il suo fidanzato da qualche mese e _____ manca moltissimo. Non vede l'ora di riabbracciarlo.

Tot: _____ /3

B Leggi e collega le frasi.

1. Oggi siamo da soli a casa,
2. Vi hanno consegnato i pacchi
3. Chi mi spiega come e
4. Ti ho mostrato mille volte
5. Le hanno dato il materiale
6. Chi le ha regalato

a. che avete ordinato sul nostro sito?
b. come usare quest'applicazione.
c. la mamma ci ha lasciato il pranzo pronto in tavola.
d. quell' anello così costoso?
e. per partecipare alla lezione on line?
f. quando usiamo i pronomi indiretti?

1. _____ / 2. _____ / 3. _____ / 4. _____ / 5. _____ / 6. _____

Tot: _____ /3

C Leggi i mini-dialoghi e indica il pronome indiretto, corretto.

1. A: Paolo come sta? Non *a lui / gli / mi* hai più telefonato?
   B: È lui che deve telefonare *a lui / a me / a lei*. Si è comportato malissimo nei miei confronti.

2. A: Papà *a noi / ci / le* ha ripetuto cento volte che non dobbiamo usare la sua macchina.
   B: A chi l'ha detto?
   A: *Ci / A noi / Ci?*
   B: Io non mi ricordo.

3. A: Stamattina, Maura è andata in ufficio e *gli / vi / le* hanno detto che stanno per licenziare alcune persone, in azienda. *A noi / A voi / A lei* cosa hanno raccontato?
   B: Niente, non ci hanno detto proprio niente.

Tot: _____ /3

TEST 4

D Leggi il testo e indica se le affermazioni sono presenti (Sì), oppure se non sono presenti (No).

Il mio sogno? Vincere 3.000.000.000,00 di euro alla lotteria!

Con tutti questi soldi partirei per una bella vacanza, ma non direi niente a nessuno della vincita. Prima di partire, organizzerei una grande festa, dove verrebbero i miei amici, i miei parenti e i miei colleghi di lavoro. Tutti si chiederebbero il perché di questa festa, quindi creerei un po' di attesa. Sarebbe una festa su una spiaggia privata con una banda musicale, tante cose da mangiare e un po' di animazione. Ad un certo punto, durante la festa, annuncerei la sorpresa: *"Avete davanti a voi la persona che ha vinto il montepremi della lotteria"*. Chissà che cosa direbbero? Mi farebbero i complimenti e comincerebbero a pensare a qualche strategia per chiedermi un regalo oppure dei soldi. Per evitare ogni problema, organizzerei una nuova lotteria tra gli invitati della festa. Ognuno dovrebbe ritirare un numero, tra i numeri ci sarebbero cinque vincitori, che potrebbero vincere una busta con dei soldi. Quanti soldi? Lo scoprirebbero solo al momento della vincita. Così regalerei, con un gioco, un po' dei soldi della vincita anche agli altri e poi ovviamente darei anche una bella somma di denaro in beneficenza. Alla fine della festa, salirei su uno yatch, saluterei gli invitati e partirei per una bella vacanza di mare, sole e spiagge esotiche.

1. La prima cosa che farebbe, sarebbe quella di lasciare il lavoro. Sì No
2. Organizzerebbe un evento per annunciare la sua vincita. Sì No
3. Distribuirebbe un terzo della vincita tra parenti, amici e colleghi. Sì No
4. Molti farebbero di tutto per prendersi una parte del montepremi. Sì No
5. Gli invitati scoprirebbero il motivo dell'invito, solo durante la festa. Sì No
6. Lascerebbe al caso e alla fortuna il compito di decidere a chi dare parte dei soldi, che ha vinto. Sì No

Tot: _____ /3

E Leggi le frasi e completa gli spazi con i verbi corretti, al Condizionale semplice.

cercare / aiutare / dovere / venire / potere / rimanere

1. Se non hai niente da fare, _____ vederci per un aperitivo. Ti va?
2. Per creare un gruppo su whatsapp, mi _____ gentilmente passare i numeri di telefono, di tutti quelli del gruppo.
3. _____ volentieri con voi all'aperitivo di oggi pomeriggio, ma purtroppo non posso. Ho un po' di cose da fare.
4. Perché ti offendi sempre quando scherziamo? Al tuo posto _____ di stare al gioco e di non arrabbiarmi sempre.
5. Michele, _____ a casa con me? Non mi va di stare da sola.
6. Mi _____ a risolvere questo problema tecnico al computer?

Tot: _____ /3

UNITÀ 24-27

centoventisette 127

F) Leggi e collega le frasi.

1. Mi diresti come si prepara la carbonara?
2. Per arrivare in tempo all'appuntamento, …
3. Vuoi andare a vivere a Copenaghen?
4. Abbassereste la voce per favore?
5. Secondo te, Claudia e Federica verrebbero con noi in viaggio?
6. Non dovrebbero comportarsi in quel modo.

a. Così potremmo dividere le spese.
b. Rischiano di perdere il lavoro.
c. Io al posto tuo farei prima un viaggio sul posto, per capire com'è la situazione.
d. fareste meglio a prendere questa scorciatoia.
e. Voglio imparare.
f. Qui c'è gente che vuole riposare.

1. _____ / 2. _____ / 3. _____ / 4. _____ / 5. _____ / 6. _____

Tot: _____ /3

G) Leggi le descrizioni delle cattive abitudini e prova a scegliere il consiglio corretto. Attenzione al significato!

1. Non usciamo mai il fine settimana, rimaniamo sempre a casa a guardare qualche film e qualche volta, se vogliamo mangiare qualcosa, ordiniamo delle pizze oppure qualche panino.
   a. *Uscite un po' e organizzate qualche serata con qualche amico.*
   b. *Esci un po' e organizza una cena fuori con degli amici.*
   c. *Non uscite sempre, riposatevi un po' a casa.*

2. A me piace tanto il caffè e ne ho un gran bisogno durante la giornata, soprattutto dopo i pasti. Ne bevo almeno uno per pasto: a colazione, a pranzo e a cena. Ma non mi bastano, perché spesso ne bevo anche un paio nel pomeriggio e prima di andare a dormire.
   a. *Bevete meno caffè!*
   b. *Non bere tutti questi caffè!*
   c. *Non bevete tutti questi caffè. Vi fanno male!*

3. La nostra camera è sempre in disordine. Tutto fuori posto: le magliette sul letto, le scarpe sparse per il pavimento e la scrivania piena di libri.
   a. *Mettete sempre in ordine la vostra camera.*
   b. *Metti i libri al loro posto.*
   c. *Non lasciare le tue cose fuori posto.*

4. Esco tutte le sere, vado in discoteca e rientro a casa molto tardi. Poi al mattino devo svegliarmi presto, per andare in ufficio e qualche volta faccio anche tardi, perché non riesco ad alzarmi in tempo.
   a. *Evitate di uscire tutte le sere e non vi stressate troppo.*
   b. *Non ti stressare troppo. Esci solo il fine settima e durante i giorni lavorativi, evita di uscire la sera.*
   c. *Non ti stressare troppo in ufficio e cerca di rispettare i tuoi colleghi.*

5. Ho raccontato diverse bugie ai miei genitori. Gli ho detto che ho superato l'esame con ottimi voti e, invece, non mi sono presentato all'esame. Gli ho detto che di solito esco con i miei amici e, invece, esco con una ragazza più grande di me.
   a. *Sii sincero con i tuoi, digli la verità!*
   b. *Non vi comportate male con i vostri genitori!*
   c. *Dille la verità e non trattarla male!*

TEST 4

6. Facciamo spesso confusione quando l'insegnante non c'è. Cantiamo, balliamo e spesso litighiamo e urliamo. Siamo abbastanza indisciplinati.
   a. *Stai al tuo posto e non fare confusione!*
   b. *Seguite le lezioni e non vi comportate male con l'insegnante!*
   c. *Comportatevi bene, fate silenzio e rimanete al vostro posto, fino a quando non arriva l'insegnante.*

   Tot: _____ /3

G Leggi le frasi e <u>sottolinea</u> la forma corretta del verbo: *Imperfetto* o *Passato prossimo*?

1. Quando *entravo/sono entrato* in aula, gli studenti non *c'erano /ci sono stati*, così ho preparato la lezione con calma.
2. Mentre *guidavo / ho guidato*, dalla corsia opposta *vedevo / ho visto* arrivare un camion ad alta velocità. Ho cercato di girare il volante, ma non ci sono riuscito. All'improvviso *mi svegliavo / mi sono svegliato* ed *ero / sono stato* nel letto. Era solo un brutto sogno.
3. Appena *arrivavate / siete arrivati* voi, il cane *scappava / è scappato* via.
4. Appena *mi sedevo / mi sono seduto* sul divano, *bussavano / hanno bussato* alla porta.
5. *Andavo / Sono andato* spesso in mezzo agli alberi, *mi sedevo / mi sono seduto* su quel sasso e rimanevo in silenzio ad ascoltare gli uccelli.

   Tot: _____ /6

UNITÀ 24-27

H Leggi il testo e completa gli spazi con le parti nel riquadro.

> a. abbiamo fatto amicizia / b. i denti davanti erano/ c. come persona apprezzavo / d. quando poi sono nati / e. ha comincato a portare /f. che ci ha divisi

Giovanna Cecchi, sceneggiatrice, descrive come ha conosciuto Elsa Morante, moglie di Alberto Moravia.

A un certo punto Moravia... (_____)... a casa di mio padre Elsa Morante. Non era bella, ma curiosa, intrigante. Aveva una singolare voce, ... (_____)... molto aperti; ricordava forse quale animale. ... (_____)... dopo che si sono sposati, e sono venuti da noi molte volte. Ci vedevamo meno ... (_____)... i bambini, e poi c'è stata la guerra ...(_____).... Mi piacevano i suoi romanzi, molto più di quelli di Moravia, ma ...(_____)... di più lui.

(Testo adattato da: https://it.wikiquote.org/wiki/Elsa_Morante)

Tot: _____ /3

Calcolo punteggio

Attività A–B–C–D–E–F–G–H–I: 2 errori = –1

Tot: _____ /30

perfetto! 1

A Leggi e completa con i seguenti argomenti: *verbi riflessivi, preposizioni, particelle ci e ne*.

La mattina, quando mi _____, mi alzo molto presto, perché prima di andare a lavorare, vado a correre _____ parco. Lì non sono da solo, c'è molta gente che come me fa sport. _____ vado anche il fine settimana, porto le mie figlie a giocare un po'. Il sabato mattina, ci alziamo, facciamo colazione insieme, ci _____ e ci vestiamo. Usciamo e camminiamo insieme. Rimaniamo lì, per un paio di ore, a fare ginnastica e a rilassarci un po'. Poi torniamo a casa e facciamo una doccia. Usciamo di nuovo con mia moglie, per andare a fare la spesa. Andiamo _____ supermercato e poi passiamo anche _____ macellaio e _____ fruttivendolo. Qualche volta, quando decidiamo di mangiare pesce, andiamo anche _____ pescheria. Il sabato sera, organizziamo spesso delle cene con degli amici. Anche loro hanno dei figli, _____ hanno due: un maschio e una femmina. I loro figli spesso vengono volentieri a casa nostra, perché a loro fa piacere giocare con le nostre figlie.

Tot: _____ /5

B Leggi le frasi e indica, per ogni frase, la foto corretta. Attenzione agli intrusi!

1. Gli operai stanno per abbattere l'edificio. (_____)
2. I bambini stanno giocando sugli alberi. (_____)
3. Ieri, abbiamo perso l'autobus e siamo arrivati in ritardo, in ufficio. (_____)
4. Il caffè non le è piaciuto e ne ha chiesto un altro. (_____)
5. I biscotti stanno per finire. (_____)
6. Le ho stirate stamattina. (_____)

A B C D
E F G H

Tot: _____ /3

130 centotrenta

TEST FINALE

C Collega le frasi. Attenzione agli intrusi!

1. Ne ho comprate due in più,…
2. Questo cellulare ha uno schermo più grande…
3. Da Paolo il meccanico ci sono andato l'ultima volta due settimane fa,…
4. Le ho restituito le sue borse,…
5. Il programma che hai sul tuo computer è…
6. Bella questa palestra!

a. più aggiornato del mio.
b. ne prendo un paio.
c. ma non le ha volute più indietro.
d. di quello che ti ho regalato io, vero?
e. Ci vieni spesso?
f. ma non ci vado più da lui, perché lavora male.
g. quello vecchio si è rotto.
h. perché so che voi siete degli amanti del vino.

Tot: _____ /3

D Leggi il testo e per ogni spazio indica la parola corretta.

Mia madre (a)_____ quindici anni quando ha partorito il primo figlio, Eligio. Poi ha partorito Orlando che è del 1912. (b)_____ sono venuta al mondo io, lei aveva ventiquattro anni. Aveva già fatto parecchi figli, alcuni vivi, altri morti. Dicono che (c)_____ male, mezza soffocata dal cordone ombelicale attorno (d)_____ corpo come un serpente. Mia madre credeva che ero morta e mio padre (e)_____ per buttarmi nell'immondizia. Allora dicono che dalla mia bocca grande e nera (f)_____ un terribile grido rabbioso. E così hanno capito che (g)_____ viva, hanno tagliato quel serpente, mi (h)_____ e messa dentro un letto con gli altri miei sei fratellini.

(Adattato da *Memorie di una ladra* di Dacia Maraini)

a.	ha avuto	aveva	era	e. è stato	stava	ha dato
b.	Quando	Quindi	Perciò	f. è uscito	usciva	sono usciti
c.	nascevo	facevo	sono nata	g. sono stata	stavo	ero
d.	in	al	nel	h. lavavano	hanno lavata	hanno uccisa

Tot: _____ /4

E Leggi le frasi e completa gli spazi con la forma corretta dell'Imperativo e i pronomi giusti. Attenzione ai verbi, ai pronomi e agli oggetti (in parentesi)!

1. Per favore, _____ (dare – a me) ancora una possibilità. Non ti deluderò!
2. Claudia, lascio i bambini a casa con te. Mi raccomando, non _____ (lasciare i bambini) da soli.
3. Se vai da Marta, _____ (portare a lei) questo CD. L'ha dimenticato qui, ieri sera.
4. Ragazzi, _____ (impegnarsi) di più. Altrimenti, questa gara non la vincerete mai.

TEST FINALE

5. Quando andiamo al cinema, non _____ (sedersi) in prima fila. Scegliamo un posto più centrale.

6. Questa volta _____ (dire ai tuoi genitori) la verità. Ti capiranno.

Tot: _____ /3

F Leggi le frasi e completa gli spazi con il verbo corretto, al Condizionale Semplice.

> sapere / dovere / fare / venire / potere / rimanere

1. Scusa, _____ passarmi il sale, per favore?

2. Secondo me, gli animatori _____ spiegare meglio le regole del gioco.

3. Ragazzi, _____ con me al concerto di Francesco Renga?

4. _____ volentieri ancora un po', ma domani mattina dobbiamo svegliarci presto.

5. Scusi, _____ dirmi dove si trovano i giardini pubblici?

6. _____ una pausa, ma non c'è tempo. Devo finire questo lavoro entro oggi.

Tot: _____ /6

G Leggi le frasi e <u>sottolinea</u> l'espressione corretta.

1. Che cosa *vorreste fare / avete fatto* il prossimo fine settimana?

2. Mentre *scendevo / sono sceso* le scale, sono caduto e mi sono rotto la gamba destra.

3. Quando andiamo a vivere nella nuova casa, *mi piacerebbe / mi piacerà* organizzare delle cene con degli amici.

4. La settimana prossima, *sono venuti / verranno* i nuovi vicini di casa.

5. Vivevo a Barcellona e un giorno mi hanno chiamato dal ristorante, dove lavoravo, e mi hanno detto che non *avevano / hanno avuto* più bisogno di me.

6. Se vogliono raggiungere più clienti, *potrebbero / potevano* sfruttare la pubblicità su facebook.

Tot: _____ /6

Calcolo punteggio

Attività A–B–C–D–E: 2 errori = –1
Attività F–G: 1 errore = –1

Tot: _____ /30

TABELLE GRAMMATICALI - QR CODE

Scarica le tabelle grammaticali!

Per scaricare le tabelle grammaticali, inquadra il **codice QR** con la telecamera del tuo cellulare.

Attenzione! Se non riesci a usare il **codice QR**, segui questo percorso online:

1. Vai sul sito www.ornimieditions.com/it
2. Risorse Gratuite
3. Perfetto!
4. Clicca e segui il percorso indicato per scaricare le Tabelle Grammaticali.

Soluzioni delle attività

PRIMA PARTE

Unità 1 – Alfabeto

A. Paesi
1. **A**rgentina / 2. **B**ulgaria / 3. **Ca**nada / 4. **Ci**na / 5. **F**rancia / 6. **G**ermania / 7. **Gr**ecia / 8. **In**ghilterra / 9. **It**alia / 10. **M**essico / 11. **O**landa / 12. **R**ussia / 13. **Sp**agna / 14. **Sv**izzera / 15. **T**urchia

Altre parole
1. **a**ereo / 2. **b**ambino / 3. **c**affè / 4. **c**onto / 5. **f**inestra / 6. **gia**llo / 7. **gio**rnale / 8. **i**sola / 9. **ma**re / 10. **mu**seo / 11. **o**cchiali / 12. **p**alestra / 13. **r**egalo / 14. **v**ino / 15. **z**ero

Città
1. **A**ncona / 2. **Ba**ri / 3. **Bo**logna / 4. **F**irenze / 5. **G**enova / 6. **M**ilano / 7. **N**apoli / 8. **P**arma / 9. **P**erugia / 10. **P**isa / 11. **R**oma / 12. **S**iena / 13. **T**orino / 14. **T**rieste / 15. **V**enezia

B. 1. **b**acio / **c**aldo / **t**re / **v**ento
2. **n**aso / **v**iso / **s**orriso / **p**iscina
3. **c**ampana / **b**agno / **f**amiglia / **f**oglio
4. **o**lio / **p**izzeria / **m**ozzarella / **l**asagna

C. 1. ~~Parole sbagliate~~: Alexandro / Athene / banio / campagnia / cansone / caratere / honesto / telephono / televizione / terracota / theatro / tourista / transmettere / perfeto / marone / zelato / zuccero
2. **Parole corrette**: Alessandro, Atene, bagno, campagna, canzone, carattere, gelato, onesto, perfetto, teatro, telefono, televisione, terracotta, trasmettere, turista, zucchero.

Unità 2 – Articoli determinativi

A1. 2. lo / 3. il / 4. lo / 5. lo / 6. il / 7. il / 8. lo / 9. il / 10. lo / 11. il / 12. lo / 13. lo / 14. il / 15. il / 16. lo / 17. il / 18. lo / 19. il / 20. lo
2. 2. l' / 3. il / 4. il / 5. l' / 6. il / 7. il / 8. il / 9. l' / 10. l' / 11. il / 12. il / 13. l' / 14. l' / 15. il / 16. il / 17. l'

B. 2. l' / 3. l' / 4. la / 5. l' / 6. la / 7. la / 8. l' / 9. l' / 10. la / 11. l' / 12. l' / 13. la / 14. l' / 15. la / 16. la / 17. l' / 18. la / 19. la / 20. l'

C. **Maschile**
il: fiume, pesce, capitano, bottone, fratello, cameriere, topo, dolce.
lo: zero, spazio, zaino, spagnolo, sciopero, zingaro, studente, sport
l': elefante, aereo, uccello.
Femminile
la: mattina, birra, forchetta, matita, fragola, lettera, tartaruga, cravatta, classe, aranciata.
l': acqua, aria, elica, aranciata, insegnante.

D. 2. sport / 3. uccello / 4. bottone / 5. cameriere / 6. aranciata / 7. tartaruga / 8. birra /

E1. I bicchieri (e) / Gli elefanti (c) / Gli zaini (f) / Le rose (a) / Le arance (b)
2. 1. Le rose / 2. Gli zaini / 3. I cellulari / 4. Le arance / 5. Gli elefanti / 6. I bicchieri
3.

Singolare	Plurale
Il cellulare	I cellulari
L'elefante	Gli elefanti
Lo zaino	Gli zaini

Singolare	Plurale
La rosa	Le rose
L'arancia	Le arance

F. 1. gli / 2. l / 3. l / 4. Gli / 5. Gli / 6. i / 7. l / 8. gli
G. 2. Le studentesse / 3. Le bottiglie / 6. Le mamme / 7. Le amiche
H. 1. b. le arance / c. i bicchieri / d. lo zaino / e. il vino / f. l'uccello / g. la birra
2. Varie risposte possibili

Unità 3 – Articoli indeterminativi

A. 2. uno / 3. uno / 4. uno / 5. un / 6. uno / 7. un / 8. un / 9. uno / 10. uno / 11. un / 12. uno / 13. un / 14. uno / 15. un / 16. un / 17. uno / 18. un / 19. uno / 20. Un

B. 2. una / 3. un' / 4. una / 5. una / 6. un' / 7. una / 8. una / 9. un' / 10. una / 11. una / 12. una / 13. una / 14. un' / 15. una / 16. un' / 17. una / 18. un' / 19. una / 20. Una

C. 1. una / 2. un / 3. un' / 4. una / 5. Un' / 6. uno / 7. una / 8. uno.

D. 1. d / 2. b / 3. f / 4. c / 5. e / 6. a

Unità 4 – Nomi e aggettivi

A. 2. c - i tempi / 3. e - i santi / 4. G – i negozi / 5. q – i presidenti / 6. H – i canali / 7. J – i fiori / 8. l – gli incidenti / 9. N – i generali / 10. o – i clienti / 11. B – gli impiegati / 12. R – gli articoli / 13. i – gli anni / 14. k – gli ostacoli / 15. f – gli specchi / 16. m – gli studi / 17. d – gli zaini / 18. a – gli amici / 19. s – i libri / 20. t – i banchi

B. 1. la musica, le musiche / 2. la banca, le banche / 3. la notte, le notti / 4. l'arancia, le arance / 5. l'amica, le amiche / 6. la valigia, le valigie / 7. la luce, le luci / 8. l'agenzia, le agenzie / 9. la festa, le feste / 10. l'automobile, le automobili

```
A U T O M O B I L E O O Q Y
Y I W F B O I D H S A F A A
A A K E A Q M O G T R D G V
L U N Y N L X G M C A N E O
G S Z A C U I D Z L N Q N F
L R I C A C P N F W C G Z O
N Q T K E E M A N Y I X I Q
W R Q T A P T U E C A T A I
W S T C B S C Y S W Z W E J
X O I Y E K X P J I T S A N
N M B F A A F E L Q C L H K
A Q X V N F O O I P Z A R V
S Y R F V A L I G I A B P I
Z E C W J V V J E W K G Z R
```

C. **Singolare:** l'analisi, la moto, la crisi, il labbro, il bar, l'università.
Plurale: gli uomini, le braccia, le mani, le radio, gli sport.

D. **Maschile:** l'operaio, il fioraio, il ragazzo, l'infermiere, l'amico, il nonno.
Femminile: la zia, la fidanzata, la cameriera, la bambina, la cugina.

E. 1. 1. L'uomo/ 2. L'attore / 3. L'attrice / 4. Il farmacista / 5. La dottoressa / 6. Il nonno / 7. La nonna / 8. Il papà

F. 1. -e (F); 2. -o(grafia) (F); 3. -e (M); 4. -i (F); 5. -a (M); 6. -a (M); 7. -ù (M); 8. -e (F

Gli aggettivi

G. 1. bello / 2. bella - intelligente / 3. bravo / 4. nero / 5. bassa - bionda / 6. grande / 7. piccolo / 8. vivace

H. Giulio: italian**o** / castan**i** / verd**i** / alt**o** / carin**o** / ingles**e** / bell**a** / biond**i** / castan**i** / 9. intelligent**e**
Marta: bass**a** / cort**i** / castan**i** / azzurr**i** / magr**a** / alt**a**

prima parte

Unità 5 – Presente indicativo dei verbi essere e avere.

A. b. lei ha fame / c. tu sei stanco / d. noi abbiamo paura / e. Loro sono tristi / f. voi siete forti / g. io ho caldo / h. lui ha sete / i. voi avete sonno.

B. 1. (Noi) siamo ingegneri / 2. (Lei) è dottoressa / 3. (Loro) sono impiegati di banca / 4. (Noi) siamo avvocati / 5. (Lui) è cameriere / 6. (Loro) sono insegnanti / 7. (Loro) sono musicisti. / 8. (Io) sono cantante.

C. 1. Laura e Nino sono allegri / 2. Avete caldo. / 3. Giorgio è basso e grasso. / 4. Queste ragazze hanno fame. / 5. Lei è triste. / 6. Daniele ha sonno. / 7. Voi siete giovani e belli. / 8. Mia zia ha tre nipoti.

D. 1. A: è - B: è grande. / 2. A: è - B: è stretta. / 3. A: è - B: è vecchia. / 4. A: sono - B: sono… difficili. / 5. A: è - B: è… amaro. / 6. A: è - B: è corta. / 7. A: sono - B: sono tristi. / 8. A: sono - B: sono antipatici.

E. 1. sono / 2. è / 3. siamo / 4. è / 5. siete / 6. sei / 7. sono / 8. sono

F. 1. abbiamo / 2. ha / 3. ho / 4. Hai / 5. hanno / 6. avete / 7. hanno / 8. ha

G. 1. avete / 2. è / 3. hai / 4. è - ha / 5. hai / 6. sono / 7. ha / 8. ha

Unità 6 – Interrogativi

A. 1. Come / 2. Dove / 3. Che cosa / 4. Quanti / 5. Quando, Dove / 6. Perchè / 7. Chi / 8. Dove.

B. A: Come ti chiami / A: Quanti anni hai / A: Di dove sei / A: Chi è lei

C. 2. g / 3. a / 4. c / 5. d / 6. b / 7. h / 8. F

D. b. Quando sei nato? / c. Perché sei triste? / d. Dove abiti? / e. Come ti chiami? / f. Quanti anni hai? / g. Quante lingue parli? / h. Che cosa bevi?

Unità 7 – Presente Indicativo dei verbi regolari e irregolari 1

A. –ARE

A. 1. chiama / 2. telefoni / 3. abitano / 4. costano / 5. viaggiate / 6. lavora / 7. parla - ascoltiamo / 8. suonano.

B. 1. Tu / 3. Lei / 4. noi / 5. lei / 6. voi / 7. lui / 8. io

–ERE

A. 1. legge / 2. scriviamo / 3. prendono / 4. vende / 5. chiedete / 6. rispondono / 7. riceve / 8. conoscono.

B. 2. voi / 3. lei / 4. tu / 5. Lei / 6. io / 7. voi / 8. tu

–IRE

A1. 1. aprite / 2. partono / 3. sentite / 4. dormi

2. 1. capisco / 2. finisce / 3. costruiscono / 4. costruiscono / 5. preferisce.

B. 1. lei / 2. voi / 3. io / 4. tu / 5. loro / 6. io / 7. lei / 8. noi

Verbi in –are, -ere, -ire

A. 1. ascoltiamo / 2. aspetto / 3. cerco / 4. salutiamo / 5. prendiamo / 6. mangio / 7. partiamo / 8. Finiamo.

Verbi irregolari

A. 2. g – Fa / 3. h – Fate / 4. b – Fanno / 5. e – Faccio / 6. a – Fai / 7. f – Facciamo / 8. D – Fate

B1. 1. A: stai – B: Sto / 2. A: Sta / 3. A: state – B: Stiamo / 4 A: sta – B: sta / 5. A: stanno / 6 A: sta.

2. A: stai - sono / B: state – stiamo - sono / C: sta - sto- sto

C1. 1. va / 2. vanno / 3. va / 4. andate / 5. vado / 6. vai / 7. andiamo / 8. vado.

2. 1. Luca: vado - supermercato / 2. Luca e Giovanna: andiamo – piscina / 3. Stefano e Paola: andiamo – cinema / 4. Stefano: vado - banca / 5. B: va - biblioteca / 6. B: vanno - palestra.

Unità 8 – Esserci

A. 1. c'è / 2. c'è / 3. c'è / 4. c'è / 5. Ci sono / 6. c'è / 7. c'è / 8. ci sono

B. 1. c'è / 2. è / 3. è / 4. c'è / 5. è / 6. è / 7. c'è / 8. c'è.

C. 1. Dov'è - C'è / 2. C'è - Dov'è / 3. Dov'è – C'è / 4. C'è – Dov'è / 5. Dov'è – C'è / 6. Dov'è – C'è

D. 1. C'è un letto matrimoniale. / 2. Ci sono due comodini. / 3. C'è una tenda. / 4. Ci sono due poltrone. / 5. C'è un tappet. / 6. Ci sono due lampade. / 7. Ci sono tre quadri. / 8. C'è un televisore.

Unità 9 – Preposizioni semplici e articolate 1

A. 2. a / 3. in / 4. A / 5. A / 6. In / 7. A / 8. in

B. 1. da / 2. di / 3. da / 4. di / 5. da / 6. di / 7. di / 8. da

2. 2. dall' / 3. dalla / 4. dall' / 5. dagli / 6. dalla / 7. dalla / 8. dal

C 1. 2. h – a / 3. b – per / 4. d – per / 5. e - a / 6. f – a / 7. a – per / 8. c - a

2. 2. parte per la / 3. partono per la / 4. parte per l' / 5. parte per gli / 6. parte per il / 7. parto per la / 8. parte per la

D. 1. Verticale: 2. **in** piscina / 3. **al** mare / 4. **al** supermercato / 6. **allo** stadio

Orizzontale: 4. **a** teatro / 5. **al** ristorante / 6. **al** cinema / 7. **in** montagna / 8. **in** biblioteca

2. b. allo stadio / c. in biblioteca / d. al mare / e. a teatro / f. al ristorante / g. in piscina / h. al cinema / i. in montagna / l. al supermercato.

Unità 10 – Presente indicativo irregolare e regolare 2

Verbi irregolari

A. 1. puoi / 2. vuole / 3. dobbiamo / 4. volete / 5. devi / 6. vuole / 7. vogliono / 8. devono

B. 1. ~~Errori~~ e soluzioni

(dare) **esco** – dà; **bevi** – date.
(venire) **bevo** – vengo; **do** – veniamo; **esce** – vengono.
(uscire) **dà** – esco; **vengono** – esce; **beviamo** – escono.
(bere) **vengo** – bevo; **date** – bevi; **escono** - beviamo.

2. 1. escono / 2. dà / 3. Vengo / 4. Bevo / 5. beviamo / 6. do / 7. esco / 8. esce / 9. veniamo / 10. vengono / 11. date.

C. 1. dice / 2. vieni / 3. andiamo / 4. vai / 5. esco / 6. va / 7. venite / 8. dici / 9. andiamo

D. 1. vado / 2. sai / 3. posso / 4. vuoi / 5. dovete / 6. sanno / 7. vengono / 8. dice / 9. può

Verbi regolari e irregolari

A. 2. A: Cosa cerchi?
3. A: Cosa preferisci bere?
4. A: A che ora esci di casa?
5. A: Quando parti?
6. A: Cosa fai questo fine settimana?
7. A: Cosa mangi a colazione?
8. A: Cosa prepari?

B. 2. Conosci - **tu**/ 3. cercano - **loro**/ 4. Preferite - **voi** / 5. esci - **tu**/6. parte - **lei**/7. sta - **Lei**/8. dico – **io**.

C. 1. vogliono / 2. cerchiamo / 3. conosci / 4. porto / 5. dorme / 6. andiamo / 7. piacciono / 8. rimango

D. 1. L'aereo arriva con dieci minuti di ritardo
2. Conosciamo il ragazzo che parla con Lisa.
3. Metto i miei libri sulla scrivania.
4. Preferisco il caffè senza zucchero.
5. Questa volta paghiamo noi il conto del ristorante.
6. Questi vecchi giornali non mi servono.
7. Mentre Gianna cammina, mangia un gelato.
8. Mentre leggo una rivista, Luisa bussa alla porta.

Soluzioni delle attività

E. 2. ascolta la radio – invia una mail. / 3. si fa la doccia – canta una canzone. / 4. aspettano l'autobus – leggono un libro. / 5. sorride – parla al telefono. / 6. dormite – la mamma stira / 7. guardano la partita – bevono una birra. / 8. mio figlio studia – io cucino.

F. **Lunedì**: **Luca** esce con gli amici; **Patrizia** accompagna Paolo in piscina.
Martedì: **Mary** va a fare la spesa.
Mercoledì: **Mary** fa spese con le amiche; **Patrizia** va al cinema con il marito.
Giovedì: **Luca** va al cinema; **Mary** va a fare spese.
Venerdì: **Patrizia** porta Toni a lezione di musica.
Sabato: **Mary** va a correre; **Patrizia** va in montagna.
Domenica: **Patrizia** va in montagna.

G. 2. a / 3. h / 4. b / 5. d / 6. e / 7. g / 8. c

H. 2. aprono; 3. scrive; 4. dipinge; 5. salgono; 6. scrivono; 7. conserva; 8. venite

Unità 11 – Avverbi di frequenza

A. 2. *Non beve mai* il vino / 3. Andiamo *spesso* – *Spesso* andiamo a correre al parco. / 4. *Di solito* mi alzo presto la mattina / 5. *Qualche volta* andate a fare la spesa. / 6. *Raramente* vanno a teatro. / 7. *Non guardiamo mai* la tv a casa. / 8. Studiamo *sempre* in biblioteca.

B. 1. Non prendo mai il tè a colazione. / 2. Guardo spesso la TV prima di andare a letto. / 3. Si svegliano sempre molto presto la mattina. / 4. Raramente andiamo a ballare il sabato sera. / 5. Di solito, vanno in vacanza in montagna. / 6. Qualche volta uscite con i vostri amici? / 7. I nonni spesso vengono - vengono spesso a casa nostra. / 8. Raramente mangiamo la pizza surgelata.

C. **Marcella** 1. va al cinema una volta alla settimana; 2. va spesso in palestra; 3. va a fare la spesa due volte alla settimana; 4. cucina sempre; 5. non va mai a ballare.

D. 2. Guardi sempre la TV? / 3. I ragazzi spesso / Spesso i ragazzi escono insieme. / 4. Qualche volta prende un aperitivo al Bar del Corso / 5. Di solito beve un caffè e mangia un cornetto, a colazione. / 6. Raramente vanno in montagna. / Non venite mai a teatro con noi. / Luca qualche volta cena a casa di Giulia.

Unità 12 – I possessivi

A. 2. il nostro libro; 3. il loro libro; 4. i tuoi libri; 5. i vostri libri; 6. la Sua borsa; 7. la vostra borsa; 8. le sue; 9. le nostre borse; 10. le loro borse.

B. 1. I miei / 2. La sua / 3. Il loro / 4. Il suo / 5. Il vostro / 6. La sua / 7. La tua / 8. Le nostre.

C. 1. a: **La sua macchina**
   b: Il suo vestito
   c: Le sue scarpe
2. a: I miei cappelli
   b: I miei capelli
   c: La mia moto
3. a: Il nostro motoscafo
   b: Il nostro giardino
   c: I nostri bambini
4. a: Le tue mani
   b: Le tue gambe
   c: I tuoi occhi
5. a: I vostri cellulari
   b: Le vostre matite
   c: Il vostro libro

D. 1. il Suo vestito è molto elegante. / 2. i Suoi amici sono davvero simpatici. / 3. come passa le Sue giornate? / 4. il Suo ufficio è lontano da qui? / 5. il suo paese è bello? / chi è il Suo fidanzato?

E. 1. È il mio / 2. sono le sue / 3. sono i suoi / 4. sono i nostri / 5. sono i miei / 6. sono i suoi

F. 1. Il nostro giardino è grande, invece il vostro è piccolo. / 2. La tua casa è moderna, invece la loro è vecchia. / 3. La mia fidanzata è simpatica, invece la sua è antipatica. / 4. Il loro cane è bianco, invece il mio è nero / 5. Il suo amico è inglese, invece il tuo è portoghese. / 6. Il vostro amico è inglese, invece il suo è svedese.

G. 1. nostro – nostro nonno / 2. tua – tua zia / 3. suo – suo zio / 4. mio – mio padre / 5. vostra – vostra nonna / 6. suo – suo fratello.

H. 1. mia; 2. mia; 3. mio; 4. mio; 5. mio; 6. sua; 7. mia; 8. tuoi; 9. mio; 10. mia; 11. miei

I. 1. Antonio / 2. Angela / 3. Stefano / 4. Paola/ 5. Roberto / 6. Claudia / 7. Giulia / 8. Roberto / 9. Caterina / 10. Fatima / 11. Carlo / 12. Paola / 13. Giovanni

2. No, la loro nonna è Angela / 3. No, i loro genitori sono Claudia e Stefano./ 4. I suoi figli sono Fatima e Carlo. / 5. Sua cognata si chiama Caterina. / 6. No, i loro zii sono Claudia e Stefano.

Unità 13 – I dimostrativi

A. b. Quella / c. Quel / d. Quest' / e. Quel / f. Questa / g. Quest' / h. Quella / i. Quell' / l. Quella / m. Quest' / n. Quest'

B. b. Quelle / c. Quei / d. Questi / e. Quei / f. Queste / g. Questi / h. Quelle / i. Quegli / l. Quelle / m. Queste / n. Queste

C. b. Quel ragazzo non mi piace. / c. Quell'uovo è rotto. / d. Quello stadio è molto famoso. /e. Quella bandiera è molto bella. / f. Quell'automobile è francese.

D. Questo specchio è rotto. / Questo libro è abbastanza noioso. / Questa storia è interessante. / Quest'automobile è veloce. / Quest'ufficio è troppo piccolo.

E. 2. quello zaino / 3. quel turista / 4. quelle statue / 5. quegli uomini / 6. quel posto / 7. questa ragazza / 8. quell'orologio

I pronomi dimostrativi

A. Questo (maschile): Il mio diario è questo; I miei giochi sono questi.
Questa (femminile): La mia idea è questa.
Quello (maschile): Il vostro cane è quello; Il mio armadio è quello; I tuoi zaini sono quelli.
Quella (femminile): La mia edicola è quella.

B. B: Lo zaino di Lucia non è questo. È quello!
B: Le sedie dei nonni non sono queste. Sono quelle!
B: I maglioni di Giulia non sono questi. Sono quelli!
B: L'aranciata della segretaria non è quella. È questa!
B: L'agenda di mio padre non è quella. È questa!
B: I miei pantaloni non sono quelli. Sono questi!

C. 2. questa / 3. quelle / 4. questo / 5. questi / 6. quella / 7. quello / 8. quella

SECONDA PARTE
Unità 14 – I verbi riflessivi

A. **Pettinarsi**: mi pettino, ti pettini, si pettina, ci pettiniamo, vi pettinate, si pettinano.

seconda parte

Vestirsi: mi vesto, ti vesti, si veste, ci vestiamo, vi vestite, si vestono.

B. Tu ti spogli / Voi vi sentite / Io mi alzo / Loro si vestono / Lei si addormenta

C. 1. Mi / 2. Ti / 3. Si / 5. Vi / 6. Si / 7. Mi / 8. Ti
D. 1. **Paola:** mi alzo, Mi faccio, mi lavo, mi vesto.
Giulia e Stefano: ci svegliamo, ci alziamo, ci facciamo, ci laviamo, ci vestiamo
2. **Paola** la mattina *si sveglia* alle 6:00 e *si alza* alle 6:15. *Si fa* una doccia, *fa* colazione, poi *si lava* i denti e *si veste*. *Esce* di casa alle 7:45, *prende* l'autobus delle 8:00 e *arriva* in ufficio alle 8:30. *Prende* un altro caffè con i colleghi e poi *comincia* a lavorare.
Giulio e Stefano la mattina *si svegliano* alle 10:00 e *si alzano* alle 10:30. *Bevono* un caffè e *fanno* colazione. Poi *si fanno* la barba e *si lavano*. Alle 11:00 *si vestono* e *vanno* in palestra. Alle 12:30 *vanno* a fare la spesa e quando *tornano* a casa, *cucinano* e *preparano* il pranzo. Alle 13:45 *escono* di casa e *vanno* a lavorare.
E. 2. pettina / 3. si alza / 4. alzano / 5. si veste / 6. veste / 7. si asciuga / 8. asciuga

Unità 15 – Preposizioni semplici e articolate (2)

A. 2. in aereo / 3. con il treno – con l'aereo / 4. con la macchina / 5. in bicicletta / 6. in metropolitana – con l'autobus
B. 1. b - in / 2. c - al / 3. h - a / 4. f - a / 5. g - a / 6. al - d. in / 7. al – a. al / 8. e - in
C1. alle 7:00 / alle 7:45 / delle 8:00 / alle 8:30 / dalle 9:00 / alle 13:00 / dalle 14:00 / alle 18:00
C2. alle / alle / alle / dalle / alle / nel / dalle / alle
D. 2. Stasera andiamo **da** Paolo a festeggiare il suo compleanno. / 3. Scusa Carla, puoi andare tu **dall'**avvocato? / 4. Oggi pomeriggio, vengo **da** te a prendere gli appunti di Storia. / 5. Devo andare **da** Carlo e Giovanna, per una cena tra amici. / 6. Questo fine settimana dormo **dai** miei nonni.
E1. 1. C - F / 2. D - E / 3. A - G / 4. B -H
2. 1. da - di / 2. di - da / 3. da - di / 4. di - da
F. 1. In estate, a luglio… / 2. In autunno, ad ottobre… / 3. In primavera, a marzo… / 4. In inverno, a dicembre… / 5. In primavera, a giugno… / 6. In inverno, a gennaio…
G. 2. nella borsa / 3. sul letto / 4. sul tavolo / 5. nel cassetto. / 6. nell'armadio.
H. 1. Presente: 1-3-6
Futuro: 2-4-5
2. 1. Tra / 2. da / 3. Da / 4. Tra / 5. tra / 6. da

I. 1. A: in **pizzeria** - B: alla pizzeria Michele/ 2. A: a **teatro** - B: andiamo al teatro Verdi/ 3. A: in **discoteca** - B: alla discoteca Jolly/ 4. A: in **centro** - B: nel centro storico / 5. A: in **spiaggia** - B: alla spiaggia del porto / 6. A: a **scuola** - B: alla scuola elementare/ 7. A: in **ufficio** - B: nell'ufficio del capo.

Unità 16 – Ci luogo – Ne partitivo

A. Ci luogo
1. (2) B: Ci vado il giovedì./ (3) B: ci vado il mercoledì./ (4) B: ci vado il martedì./ (5) B: ci vado… il sabato./ (6) B: ci vado… il venerdì.
2. 2. in chiesa / 3. a letto / 4. al mare/ 5. al ristorante/ 6. allo stadio

B. Ne quantità
1. 1. Dal fruttivendolo / 2. In salumeria/ 3. In pescheria / 4. In macelleria
2. 1. Ne compra un chilo / 2. *Quanti chili di alici – Quante alici* compra la signora Rosa?/ 3. Ne compra due chili. / 4. Quanto prosciutto cotto compra la signora Rosa?
3. 1. D: ne prendo altri cinque. / 2. C: ne posso avere due? / 3. A: ne prendo metà / 4. B: ne prendo un altro bicchiere.
4. 2. f / 3. e / 4. a / 5. c / 6. b

Unità 17 – Stare + gerundio – Stare per + infinito

A. 2. foto e – stiamo mangiando delle verdure. / 3. foto c – sta dormendo. / 4. foto b – sta cucinando con sua nipote. / 5. foto f – sta guidando l'autobus. / 6. foto d – stanno brindando.
B. 1. b. sta studiando/ 2. f. sto leggendo/ 3. d. sta facendo/ 4. e. stanno guardando / 5. a. stanno seguendo / 6. c. si stanno allenando
C. 1. su una buccia di banana e sta per cadere. / 2. Ci stiamo vestendo, stiamo per uscire / 3. State mangiando tutti i biscotti, stanno per finire. / 4. La sala 8 sta chiudendo, il film sta per cominciare./ 5. Sta bevendo del veleno, sta per morire. / 6. Stiamo aspettando Giulio per fargli una sorpresa, stiamo per festeggiare il suo compleanno.
D. 2. stanno cantando / 3. stanno festeggiando / 4. sto per vomitare / 5. sta per arrivare / 6. stanno studiando / 7. sta per finire / 8. stanno dormendo

Unità 18 – Passato prossimo

A. d. mangi-**ato** / f. usc-**ito** / c. arriv-**ato** / a. lavor-**ato** / i. pranz-**ato** / h. torn-**ato** / e. guard-**ato** / b. and-**ato**.
B. 1 letto, vinto, fatto, scritto, speso, acceso, spento, perso, preso, venuto

2. 1. fatto / 2. preso / 3. Spento - acceso / 4. vinto / 5. perso / 6. letto
C. 1. Dove sei andata… / 2. Con chi? / 3. Cosa avete visto?

UNITÀ 11-18

centotrentasette 137

Soluzioni delle attività

/ 4. Dove siete andate… / 5. Cosa avete mangiato? / 6. A che ora sei tornata… / 7. A che ora sei andata…/ 8. Cosa hai fatto…

D. 1. h - hai comprato / 2. c - è piaciuta / 3. d - sono venuti / 4. g - ha chiamato / 5. f – è arrivato / 6. b - sono andate / 7. a – hai pagato / 8. e – è successo

E. 1. **Elio Germano:** è nato / ha cominciato / ha avuto / ha partecipato / hanno scelto / ha girato
Cristina Capotondi: è nata / ha avuto / È apparsa / ha partecipato / si è laureata / ha avuto / ha recitato / è tornata/ ha interpretato / è stata / ha vinto / ha girato
2. 1. Ha cominciato a studiare per diventare un attore / 2. È apparsa al cinema nel film *Vacanze di Natale '95*. / 3. Ha partecipato ad alcuni spettacoli teatrali. / 4. Ha recitato nel film *Come tu mi vuoi*. / 5. Ha vinto il premio come migliore interprete femminile, al Festival di Taormina. / 6. Ha girato ben tre film.

F. Conosci i cantanti italiani?
Cantanti: 1. Eros Ramazzotti; 3. Tiziano Ferro; 4. Emma Marrone; 6. Marco Mengoni; 7. Alessandra Amoroso.
Verbi: 1. è uscito; 2. ha ricevuto; 3. ha conquistato; 4. ha partecipato; 5. ha scritto; 6. è arrivato; 7. ha dichiarato; 8. è salita; 9. sono tornati; 10. è nata

G. 1. a. è – b. ha / 2. a. hanno – b. è / 3. a. è – b. hanno / 4. a. ha – b. è / 5. a. è – b. hanno / 6. a. è – b. ha

H. 1. non ha ancora mangiato / 2. ha già letto… / 3. non è ancora arrivata. / 4. è già arrivato / 5. non hanno ancora visto… / 6. è già partito – non è ancora arrivato.

I. 1. non ha più bevuto… / 2. ha già fatto colazione. /3. non ha più letto… – ha già letto… / 4. non ha più chiamato / 5. non sono più andate… / 6. non si sono più fermate…

L. 1. Appena ho cominciato a correre, ho sentito un dolore alla caviglia.
2. I lavori sono appena finiti.
3. Lo spettacolo è appena cominciato.
4. Appena il cantante è entrato, ho gridato il suo nome.
5. L'insegnante ha appena spiegato i pronomi.
6. Appena hanno vinto i soldi alla lotteria, hanno comprato la nuova casa.

M. Claudio **si è alzato** alle 8:00, **si è lavato** e poi **si è vestito**. Stefania, invece, **si è svegliata** alle 8:30, ha fatto una doccia, **si è asciugata** capelli e **si è truccata** e poi anche lei **si è vestita**. Insieme hanno fatto colazione e sono usciti di casa alle 9:30.
Oggi è domenica e i bambini non **si sono alzati** presto. Così sono rimasti a letto fino alle 10:00. Poi **si sono lavati** e hanno fatto colazione. **Si sono vestiti** e sono usciti per andare a giocare a calcio. Le ragazze invece, **si sono alzate** alle 9:00, **si sono lavate** e poi **si sono truccate** e **si sono pettinate**. Poi sono uscite insieme e sono andate a fare spese.

Unità 19 – Comparativi (maggioranza e minoranza)

A. 2. Facile – l'italiano è più facile dell'inglese. / 3. grande – Marta è più grande di Paola. / 4. bravo – Carlo è meno bravo di Stefano./ 5. forte – Il Milan è meno forte del Real Madrid. / 6. interessante – Il libro è meno interessante del film.

B. 2. dell' / 3. della / 4. di / 5. degli / 6. di / 7. di / 8. della

C. 1. di / 2. meno - di / 3. quanto / 4. più - del / 5. meno - di / 6. quanto

D. 2. e / 3. c / 4. d / 5. b / 6. A

E. 1. In Lombardia, ci sono più province che in Sicilia. / 2. In Sicilia, ci sono più fiumi che province. / 3. In Lombardia, ci sono più province che stazioni sciistiche. / 4. In Sicilia, ci sono meno abitanti che in Lombardia. / 5. In Sicilia, ci sono meno vulcani che fiumi. / 6. In Lombardia, ci sono meno laghi che fiumi.

F. 2. più nuotare al mare che in piscina. / 3. uscire più con Giulia che con me. / 4. più leggere che ascoltare la musica. / 5. più guardare i film al cinema che a casa. / 6. più parlare al telefono che chattare.

Unità 20 – Pronomi diretti

A. 1. mi / 2. **ti** / 3. lo-la-La / 4. ci / 5. vi / 6. Li

B1. 2. Lo / 3. Lo / 4. Le / 5. Li / 6. Lo
2. A. il libro - 2. lo leggo / C. il cuscino - 6. lo uso / D. le medicine - 4. le prendo / E. Il sapone - 3- lo uso / F. gli amici - 5. li chiamo

C. 1. ti / 2. ci / 3. Vi / 4. mi / 5. La / 6. Ti - La

D. 1. La chiamiamo / 2. mi aspetti – ti aspetto / 3. mi senti – ti sento / 4. li accompagno – li porto – li va a prendere / 5. la puoi parcheggiare / 6. ci ringraziano

E. 1. te / 2. lui – lei – Lei / 3. noi / 4. voi / 5. loro

F. 1. te / 2. lei / 3. loro / 4. lui / 5. voi / 6. noi – loro

G. 1. 1. g / 2. h / 3. f / 4. d / 5. e / 6. b / 7. a / 8. c
2. 2. li – i / 3. le – e / 4. l' – o / 5. li – i / 6. l' – a / 7. le – e / 8. l' – o

H. 1. l'ha fatta / 2. L'ha scritto / 3. l'ha detta / 4. L'ha fondato / 5. Le ha scoperte / 6. l'ha dipinto

I. 1. Ti / 2. vi / 3. Mi / 4. L' / 5. Le / 6. Mi

L. 1. Carla ha preparato le bambine e le ha portate a scuola / 2. Quando preparo il caffè, tu non lo prendi mai. / 3. Tutte le mattine viene da noi e ci accompagna in ufficio / 4. Gli esercizi che ho spiegato, tu non li hai capiti. / 5. Vengo all'università e vi porto a casa, in macchina. / 6. Stamattina, ho incontrato Paola e l'ho invitata alla mia festa.

Unità 21 – Ne partitivo (2)

A. 1. litri - B: ne ho preso / 2. ne ho preso… 4. chilo - 5. chilo / 6. ne ho presi… 7. chili / 8. A: ne ho comprati… 9. etti

B. 2. i - quattro / 3. i - cinque / 4. o – uno/ 5. e - due / 6. e - tre / 7. e - due / 11. i - due

C. 1. 2. b / 3. d / 4. e/ 5. a
2. Le hanno bevute tutte. / 3. Ne hanno mangiato mezzo chilo. / 4. L'hanno mangiata tutta. / 5. Ne hanno rotti due.

Unità 22 – Imperfetto

A. **Prima:** La gente passava più tempo all'aria aperta. – I bambini giocavano per strada. – La donna trascorreva più tempo a casa. – C'erano meno stranieri in Italia. – Esisteva il posto fisso.

B. Risposte libere

C. giocavano / era / erano / scomparivano / andavano / c'era / mi sedevo / veniva / c'era / saliva / asciugava / Avevo

D. 1. **C'erano** due ragazze con i capelli biondi, che prendevano il sole in spiaggia. / 2. **Al parco,** dei bambini giocavano a calcio, una coppia di anziani passeggiava e un cane felice correva sull'erba. / 3. **Le strade** della città erano **piene** di gente e un piccolo chiosco vendeva granite e gelati.

Unità 23 – Futuro Semplice

A. 2. partirò – lavorerò / 3. venderanno / 4. venderà / 5. venderemo –partiremo - lavoreremo / 6. lavoreranno / 7.

138 centotrentotto

seconda parte

venderete / 8. lavorerà – venderà – partirà
B. 1. f compreremo / 2. h partirà / 3. d dormirete / 4. a seguirai, arriverai / 5. e porteranno / 6. c mangeremo, metteranno / 7. b crescerà, capirà / 8. g vinceremo, deluderemo
C. 1. Arriveremo, andremo / 2. faranno / 3. potranno / 4. verrete, partirete / 5. uscirò / 6. avremo / 7. darai, accompagnerò, verrò / 8. vorrà
D. Tris 2 (irregolare): dovrò, tradurrai, berrai / Tris 3 (regolare): capiranno, mangerai, dormirò / Tris 4 (irregolare): tradurrete, staranno, farà / Tris 5 (irregolare): potrò, vedrete, saranno / Tris 6 (regolare): porteremo, lavorerò, mangerà.
E. A. Una festa a sorpresa B. Il viaggio C. Un esame importante
1. Ci fermeremo all'autogrill / riprenderemo il cammino / ci fermeremo verso ora di pranzo / Riposeremo un po' / faremo altre quattro ore / Pernotteremo a Milano / ripartiremo in direzione /
2. Chiameremo tutti i suoi amici / li inviteremo / porterà qualcosa da mangiare / lo aspetteremo / starà per arrivare / Appena entrerà / grideremo: Tanti auguri!
3. Comincerò a leggere / evidenzierò tutte le parti / poi rileggerò / farò una ricerca / scriverò dei riassunti / ripeterò tutto

Unità 24 – Pronomi indiretti

A. tu: ti piace sciare / lui: gli piace il calcio / lei: le piace il basket / Lei: Le piacciono gli scacchi / noi: ci piace nuotare / voi: ci piace l'opera / loro: gli piace ballare
B. 1. d – gli / 2. c - le / 3. b – gli / 4. f – le / 5. e - Le / 6. a - gli
C. 1. Le – mi / 2. ti / 3. vi – Ci / 4. Gli / 5. ci / 6. gli
D. 1. ti… il mio cellulare… mi / 2. Vi… di ripetere l'esame… ci… davvero / 3. Gli… un lavoro… ci… il loro / 4. Le… il gelato… ci… bene / 5. le… un messaggio… ti… subito / 6. gli… hai detto.. più piano…
E. **Pronomi indiretti deboli:** ti, gli
Pronomi indiretti forti: a me, a te, a lei, a lui, a Lei, a noi, a voi, a loro
F. 1. A lei – a loro / 2. A te – a voi / 3. A me – a te / 4. A noi - / 5. A lei / 6. A lui
G. 2. Le / 3. Le / 4. Vi / 5. Mi / 6. Ci / 7. Ci / 8. Gli
H. 1. …le ho prestato… / 2. …gli ho appena detto… / 3. …ci hanno rubato… / 4. …vi ha portato… / 5. …mi ha fatto… / 6. …ti ho lasciato…
I. 2. h / 3. g / 4. f / 5. d / 6. e / 7. c / 8. a

Unità 25 – Condizionale Semplice

A. 2. partirebbero / 3. canteremmo / 4. prenderebbe / 5. Canteremmo / 6. Partiremmo / 7. Partiresti / 8. Prendereste
B. 1. dormirei / 2. proverei / 3. porterebbe / 4. chiamerei / 5. Guardereste / 6. uscireste / 7. accompagnerebbe / 8. chiuderesti
C. 2. Rimarremmo / 3. fareste - Potreste / 4. Verreste / 5. Sarebbero / 6. Avresti / 7. tradurresti / 8. Saprebbe
D. Verbi al Condizionale: tu cambieresti / io farei, vorrei, riuscirei, lavorerei, penserei / noi faremmo, andremmo / io starei / loro si sentirebbero / noi avremmo
Verbi irregolari: farei, vorrei, faremmo, andremmo, starei, avremmo
E1. 1. partirei / 2. potresti-dovresti / 3. potrebbe / 4. vorrei / 5 potremmo / 6 potresti-dovresti / 7. andrei / 8. fareste

2. Esprimere un desiderio: 1, 4
Dare consigli: 2, 6
Chiedere qualcosa: 3
Fare una proposta: 5
F. Risposte possibili:
Con Giulia andrei a prendere un aperitivo. Con Giulia, andrei al ristorante e al cinema.
Con Stefano visiterei qualche museo e qualche chiesa antica. Con Stefano, andrei ad ascoltare musica dal vivo e berrei qualcosa.

Unità 26 – Imperativo diretto

A. 1. prendere: prendi – prendiamo - prendete / sentire: senti – sentiamo - sentite / scusare: scusa – scusiamo – scusate / bere: bevi – beviamo – bevete / mangiare: mangia – mangiamo – mangiate / arrivare: arriva – arriviamo – arrivate / partire: parti – partiamo – partite / guardare: guarda – guardiamo - guardate / vedere: vedi – vediamo – vedete / giocare: gioca – giochiamo - giocate / mettere: metti – mettiamo – mettete / versare: versa – versiamo – versate / togliere: togli – togliamo – togliete
2. 1. ascolta / 2. uscite - fate / 3. Facciamo – visitiamo - vediamo / 4. portiamo / 5. Vieni / 6. Portate
B. 1. 1. fate / 2. versate - lasciate / 3. Azionate / 4. Preparate - portate / 5. Arrivate - girate / 6. studiate – provate
2. 1. Rimaniamo a casa, a riposare un po'! 2. che non facciamo qualcosa insieme / 3. di solito portiamo con noi 200,00€ / 4. Prendiamo la mia che consuma di meno. / 5. Siamo troppe persone per organizzare/ 6. Partiamo prima, così siamo sicuri
Proposta: 1. Rimaniamo a casa… 2. Andiamo al cinema… / 3. …portiamo anche la carta di credito. / 4. Prendiamo la mia… / 5. Andiamo in pizzeria! 6. Partiamo prima,
3. 2. Smettila / 4. Torna / 5. Studia / 7. Mangia / 8. Metti
C. 1. non portate / 2. non usciamo / 3. non lasciare / 4. Non partiamo / 5. non dimenticate / 6. Non mangiare – non bere
2. Frase: 3. le ragazze prendono troppo sole - Non prendete troppo sole! / 4. beviamo troppa birra - Non bevete tutta questa birra! / 6. è troppo gelosa - Non essere troppo gelosa
D. 1. fallo / 3. Invitiamoli / 4. andateci / 5. Andiamoci / 6. Bevine
2. Non lo accendete – Non accendetelo / 3. Non lo prendiamo – Non prendiamolo / 4. Non gli promettere – Non prometterli / 5. Non li mangiate – Non mangiateli / 6. Non le dare fastidio – Non darle fastidio
E. 1. fare: fa' / dare: da' – date / dire: di' / andare: andiamo – andate
2. 1. Fa' / 2. Da' / 3. va' / 4. di' / 5. Sii / 6. Abbi
3. Diretto: Fa' i compiti, li - falli / Di' la verità, la - dilla / Fa' il lavoro, lo - fallo / Da' le penne…, le - Dalle
Indiretto: Da' a Giulia…, le - dalle / Di'… a Paolo, gli (sing.) - Digli / Fa'… ai tuoi amici, gli (plur.) - Fagli
Particelle: Va' a scuola, ci - vacci / Da' un foglio, ne - danne uno
4. 2. dilla / 3. dalle / 4. vacci / 5. dagli / 6. falle

Unità 27 – Passato prossimo e Imperfetto

A. 1. una doccia / 2. dormivo ancora / 3. ho acceso la tv / 4. guardavo la tv / 5. sono andato in palestra / 6. ascoltavo un po' di musica / 7. sono andato a fare la spesa / 8. pensavo alle cose da comprare

Testi

B. 1. avevamo – ci siamo dimenticati / 2. Si sono conosciuti - frequentavano / 3. stava – sono arrivati / 4. ha fatto - doveva/5. ha salutato - rientrava / 6. aspettavamo – ha cominciato
C. 1. pensava / 2. conosceva / 3. tornavamo / 4. ha messo / 5. Ha gettato / 6. ha pensato / 7. ha ricevuto / 8. si sono sentiti / 9. hanno deciso / 10. ha trovato
D. Ero in macchina / ho visto una ragazza / così mi sono fermato / e lei non riusciva a sentirmi / forse aveva paura / e mi sono avvicinato a lei / ha alzato la testa e non potevo / Non sapevamo / l'ho convinta a salire / ci siamo scambiati / ha avuto il coraggio

TEST PRIMA E SECONDA PARTE

Prima parte
Test 1 (Unità 1-2-3-4)
A. 1. Andrea; 2. Antonio; 3. Barbara; 4. Carlo; 5. Daniele; 6. Emilia; 7. Ettore; 8. Federico; 9. Gennaro; 10. Giovanni; 11. Iliana; 12. Ludovico; 13. Maria; 14. Matilde; 15. Michel; 16. Nando; 17. Oreste; 18. Paola; 19. Rachele; 20. Stefania; 21. Tina; 22. Tiziano; 23. Ugo; 24. Vincenzo; 25. Vittorio
B. 1. l'; 2. le; 3. gli; 4. l'; 5. i; 6. lo
C. 1. Il; 2. I; 3. La; 4. Lo; 5. L'; 6. Gli
D. 1. Lo I; 3. La L'; 4. I Il; 5. I Gli
E. 1. un'; 2. uno; 3. una; 4. un; 5. uno; 6. un'
F. 1. una; 2. un; 3. Un'; 4. un; 5. uno; 6. un'
G. 1. e; 2. b; 3. f; 4. c; 5. d; 6. a
H. 1. -e; 2. -a; 3. -e; 4. -o; 5. -i; 6. -i
I. 1. amici; 2. rossa; 3. sedie; 4. nuova; 5. maglioni; 6. grande
L. simpatica, lunghi, occhi, verdi, bocca, studentessa

Test 2 (Unità 5-6-7)
A. 1. sono; 2. è; 3. siamo; 4. siete; 5. sei; 6. sono
B. 1. abbiamo; 2. ha; 3. ho; 4. hanno; 5. hai; 6. avete
C. è, ha, È, sono, hanno, è
D. 1. Dove; 2. Come; 3. dove; 4. Quante; 5. Perché; 6. Chi-Dov'
E. 1. e; 2. c; 3. d; 4. f; 5. b; 6. a
F. 1. Come; 2. Che-Che cosa-Cosa; 3. Chi; 4. Dove; 5. Quando; 6. Perché
G. 1. stai; 2. parlano; 3. pulisce; 4. ascoltano; 5. prendi; 6. vado
H. 1. prepara; 2. preferiscono; 3. fai; 4. andate; 5. suono-suoniamo; 6. fate
I. Formale: 1, 4, 6; Informale: 2, 3, 5
L. 1. spagnola, vive, Lavora, una, fa, l'; 2. siamo, -i, studiamo, -à, lavorano, uno

Test 3 (Unità 8-9-10)
A. 1. ci sono; 2. c'è; 3. c'è; 4. Ci sono; 5. ci sono; 6. c'è
B. Pina: …c'è un bar…; Claudio: …dov'è l'; Flavio: …ci sono… negozi…, Francesca: dov'è il; Fabiola: …c'è… ristorante…; Matteo: … ci sono… spiagge…
C. c'è, un, c'è, una, c'è, uno, Ci sono, una, un, una
D. 1. a; 2. di; 3. per; 4. da; 5. di; 6. in
E. 1. **a** al cinema; 4. **a** per la Russia; 5. **da** dal' Ungheria; 6. **a** al supermercato
F. A. Sì; B. Sì; C. No; D. No; E. No; F. Sì
G. 1. posso; 2. dovete; 3. Puoi; 4. Volete; 5. vogliamo; 6. devi
H. 1. bevete; 2. esce; 3. do; 4. Rimani; 5. dice; 6. Veniamo
I. 1. f; 2. b; 3. d; 4. a; 5. c; 6. e
L. A. Sì; B. Sì; C. Sì; D. No; E. No; F. Sì

Test 4 (Unità 11-12-13)
A. Spesso esco…, Di solito mangiamo…, qualche volta andiamo…, guido sempre…, non bevo mai…, Raramente rimango…
B. 1. f; 2. d; 3. e; 4. c; 5. a; 6. b
C. 2. Qualche volta preferisco **volta**; 3. **va** viene a casa mia; 6. Di solito prendo **di solito**
D. 1. miei; 2. vostre; 3. suo; 4. mai; 5. loro; 6. tue
E. 1. mia nonna; 2. mio zio; 3. tuo nonno; 4. mia zia; 5. mia cugina; 6. mio cugino
F. 1. È mia moglie; 2. È mia figlia; 3. Sono i miei figli; 4. Sì, fa la traduttrice online; 5. Faccio il cuoco; 6. Giulio.
G. 1. e; 2. b; 3. d; 4. f; 5. a; 6. c
H. 1. Questi, quelli; 2. Questo, quello; 3. Quest', quella; 4. Queste, quelle; 5. Quest', quello; 6. Questi, quelli.
I. questa, c'è, La, Devo, un, pago, ci sono, dico, Posso, gioco, sempre, faccio

Test Finale
A. vengo, di, a, sono, un', Sono, fa, due, ha, ha, parlano, il, mia, nostri, al, un
B. sta, Lei, presento, -a, -e, fa.
C. 1. B; 2. A; 3. D; 4. I; 5. G; 6. H
D. 1. e / 2. g / 3. a / 4. i / 5. b / 6. h
E. 1. f; 2. a; 3. e; 4. b; 5. g; 6. c
F. 1. Vero; 2. Vero; 3. Vero; 4. Vero; 5. Falso; 6. Falso; 7. Falso

Seconda parte
Test 1 (Unità 14-15-16)
A. 1. f; 2. c; 3. e; 4. a; 5. d; 6. b
B. 1. **si** taglia; 4. **Ci** Alziamo; 5. **vi** dovete;
C. A. No; B. Sì; C. No; D. Sì; E. No; F. Sì
D. 1. in; 2. al; 3. da; 4. dal; 5. da; 6. con l'
E. 1. f; 2. a; 3. d; 4. e; 5. c; 6. b
F. 1. nel; 2. allo; 3. a; 4. Nella; 5. sul; 6. in
G. 1. **a** in piscina; 2. **di** da sole; 5. **su** sul mio letto; 6. **da** dal dentista
H. 1. E; 2. A; 3. C; 4. F; 5. B; 6. D
I. 1. e; 2. f; 3. d; 4. c; 5. a; 6. b
L. 1. ci; 2. Ne; 3. Ne; 4. ci; 5. ci; 6. Ne

Test 2 (Unità 17-18-19)
A. 1. ascoltando; 2. leggendo; 3. allenando; 4. costruendo; 5. facendo; 6. arrivando
B. 1. c; 2. d; 3. f; 4. b; 5. a; 6. e
C. 1. per chiamare; 2. dormendo; 3. lavorando; 4 pranzando; 5. per svenire; 6. festeggiando
D. sono andato, ho sentito, mi sono alzato, sono uscito, Ho preso, ho guidato
E. 1. è; 2. ha; 3. è; 4. ha; 5. Hanno; 6. è
F. A. No; B. Sì; C. Sì; D. Sì; E. No; F. Sì
G. 1. e; 2. d; 3. a; 4. f; 5. b; 6. c
H. 1. del; 2. che; 3. più; 4. dell'; 5. meno; 6. quanto
I. 1. Falso; 2. Vero; 3. Vero; 4. Vero; 5. Falso; 6. Vero
L. 1. **di** che leggere
3. **di** del suo fidanzato
4. **del** di mio fratello
6. **di** quanto i nostri giocatori

Test 3 (Unità 20-21-22)
A. 1. d; 2. f; 3. b; 4. e; 5. a; 6. c
B. 1. ti, Mi; 2. Ci, l'; 3. li, ti
C. 1. ci, te; 2. li, loro; 3. noi, lo
D. A. No; B. Sì (3); C. Sì (4); D. Sì (5); E. Sì (1); F. No
E. 1. li, Ne; 2. ne, le; 3. Ne, l'
F. 1. d; 2. c; 3. e; 4. f; 5. a; 6. b
G. era; passava; spiava; leggeva; sistemava; ordinava
H. 1. D - f; 2. B - b; 3. C - d; 4. F - e; 5. A - a; 6. E - c
I. rimarremo, Andremo, dovremo, cercheremo, potremo, riusciremo

Test 4 (Unità 23-24-25)
A. 1. gli; 2. le; 3. Le; 4. gli; 5. le; 6. gli
B. 1-c; 2-a; 3-f; 4-b; 5-e; 6-d.
C. 1. gli, a me - 2. ci, a noi - 3. le, a voi
D. 1. No; 2. Sì; 3. No; 4. No; 5. Sì; 6. Sì
E. 1. potremmo; 2. dovresti; 3. Verrei; 4. cercherei; 5. rimarresti; 6. aiuteresti, aiutereste.

Fonti

prima parte

F. 1. E; 2. d; 3. c; 4. f; 5. a; 6. b
G. 1. sono entrato, c'erano; 2. guidavo, ho visto, mi sono svegliato, ero; 3. siete arrivati, è scappato; 4. mi sono seduto, hanno bussato; 5. andavo, mi sedevo
H. e - b - a - d - f - c
I. 1. **poteremo**, potremo; 2. **gli** le; 5. **c'è stato** c'era; 6. **Mi** Ti

Test finale

A. mi sveglio, al, Ci, laviamo, al, dal, dal, in, ne
B. 1. B; 2. C; 3. D; 4. G; 5. H; 6. E
C. 1. h ; 2. d; 3. f; 4. c; 5. a; 6. e
D. a. aveva; b. Quando; c. sono nata; d. al; e. stava; f. è uscito; g. ero; h. hanno lavata
E. 1. le; 2. a voi; 3. a me; 4. l'; 5. ti, mi
F. 1. potresti; 2. dovrebbero; 3. verreste; 4. Rimarremmo; 5. saprebbe; 6. Farei
G. 1. vorreste fare; 2. scendevo; 3. mi piacerebbe; 4. ti devo; 5. avevano; 6. potrebbero

FONTI

PARTE 1

2.bp.blogspot.com/-ZDTMr0m3VSE/UUnjoY87LKI/AAAAAAAANk/JJU_iBwXvIE/s1600/05+(nhcreate).png
68.media.tumblr.com/c3465227659c9dc4264c697224d76351/tumblr_inline_nethmokYb61rjxkjd.jpg
68.media.tumblr.com/e78e58fe5411397881a4ca8e25dec593/tumblr_inline_n42ehsvNTe1s8ebj4.jpg
a406.idata.over-blog.com/0/44/26/71/21-italie-001-rome-plaque-rue-via-tibullo.jpg
aforismi.meglio.it/img/frasi/ingegneri.jpg
aforismi.meglio.it/img/frasi/ingegneri.jpg
aforismi.meglio.it/img/frasi/montagna.jpg
alimentazionebambini.e-coop.it/wp-content/uploads/2014/06/Bambino-che-studia.jpg
all-womens-dresses.com/wp-content/uploads/2015/11/black-strapless-maxi-dress-1.jpg
ascoltare.weebly.com/uploads/5/9/0/2/5902588/2240737_orig.jpg
assets.hemmings.com/story_image/412701-1000-0.jpg?rev=5
assets.nydailynews.com/polopoly_fs/1.405290.1314508481!/img/httpImage/image.jpg_gen/derivatives/landscape_1200/alg-man-showering-jpg
benessere.atuttonet.it/wp-content/uploads/2011/10/mani-curate.png
biografieonline.it/img/bio/g/Giovanna_Mezzogiorno.jpg
casadellefate.files.wordpress.com/2012/12/twinsx.jpg?w=469
cdn.cosedicasa.com/wp-content/uploads/2013/06/check-up-casa.jpg
dontsova-knigi.esy.es/shapka0.jpg
exp.cdn-hotels.com/hotels/1000000/440000/433500/433443/433443_32_z.jpg
footage.framepool.com/shotimg/qf/190752533-ward-round-sickbed-breast-human-explaining.jpg
fotogallery.donnaclick.it/images/2013/09/nonni-11.jpg
freshouse.de/wp-content/uploads/2015/09/DIY-Vase-aus-Glasgefäß-mit-silbernen-Glitzern-e1442477100693.jpg
galeri8.uludagsozluk.com/439/ilk-bira_674633.jpg
gioit.h-cdn.co/assets/16/27/980x717/bacio-benefici.jpg
giuliasr.files.wordpress.com/2010/06/40_centro-004.jpg
habitat.xoom.it/wp-content/uploads/stirare.jpg
i.ytimg.com/vi/MxYuVfEikM8/maxresdefault.jpg
i0.wp.com/donnaweb.net/wp-content/uploads/2012/12/punto-interrogativo.gif
i70.twenga.com/moda/ombrelli/ombrello-rosso-con-salvagoccia-tp_3408677046115153011f.jpg
icon-static.panorama.it/wp-content/uploads/2014/03/Koenigsegg-Agera-One-6-950x514.jpg?860229
image.afcdn.com/story/20170727/-1109272_w767h767c1cx628cy628.jpg
image.freepik.com/foto-gratuito/dentista-esaminando-denti-di-un-paziente_1098-1540.jpg
images-3662.kxcdn.com/fidelitynews/wp-content/uploads/sites/7/2015/11/Di-cosa-parlare-con-una-ragazza-al-telefono-1.jpg
images-3662.kxcdn.com/fidelitynews/wp-content/uploads/sites/7/2015/11/male-shaving-rash-11-e1447336715758.jpg
images-3662.kxcdn.com/fidelitynews/wp-content/uploads/sites/7/2016/04/Uomo-stanco-2.jpg
images-3662.kxcdn.com/fidelitynews/wp-content/uploads/sites/9/2014/07/torre-eiffel1.jpg
images-eu.ssl-images-amazon.com/images/G/29/AMAZON-FASHION/2016/SHOES/SPORT/STOREFRONTS/TILES/SPORT_SHO_TILE_520x450_RUNNING_W
images-eu.ssl-images-amazon.com/images/I/4102tnmRsXL_SL500_AC_SS350_.jpg
images-na.ssl-images-amazon.com/images/I/41ZPumDKURL.jpg
images-na.ssl-images-amazon.com/images/I/61NNWGPXZmL._SY550_.jpg
images.catania.liveuniversity.it/sites/2/2016/12/dormire.jpg
img.grouponcdn.com/deal/gd7z2f71LXb6GZhzS83Njk/shutterstock_115585120-1500x900/v1/c700x420.jpg
img.grouponcdn.com/deal/pUZT5evKwgW1gzYFms98/x4-2048x1229/v1/c700x420.jpg
irp-cdn.multiscreensite.com/07ff8539/dms3rep/multi/desktop/discoteca-fanum-mori-002-1400x700.jpg
iStock_000013030397Large.jpg
lh6.googleusercontent.com/-cVDrsFL3lfA/TW63fztMO6I/AAAAAAAAHU/ThMVaFTBQfM/s1600/9788811686620.jpg
lnx.rodari.org/wp-content/uploads/2014/05/CIMG3212.jpg
media.benessereblog.it/0/04d/mal-di-reni-e-mal-di-testa.jpg
newglobalindian.com/wp-content/uploads/2016/09/3205266_l.jpg
paroledottobre.files.wordpress.com/2015/02/woman-reading-a-book1.jpg
s-media-cache-ak0.pinimg.com/originals/48/0f/29/480f29c8caa3ac3d48fd8003de9b70d2.jpg
s-media-cache-ak0.pinimg.com/originals/d7/92/48/d79248fe1388c6a ff22d fb6 50f 7e 632d.jpg
s-media-cache-ak0.pinimg.com/originals/fe/86/d1/fe86d1e2629e9da 047aec2123ae057d9.jpg
scontent.ccdn.cloud/image/fox-it-foxlife/1fc0fb34-c6b2-43b1-b9c4-abe0744b8cfa/lasagna-classica-1920x1080.jpg
static.allaguida.it/allaguida/fotogallery/1200X0/121913/fiat-500-bicolore-bianca-e-rossa.jpg
static.bimbisaniebelli.it/wp-content/uploads/2015/05/donnastanca.jpg
static.grazia.it/content/uploads/2013/01/Stefano-Accorsi5.jpg?034c3c
static.nanopress.it/nanopress/fotogallery/1200X0/122561/sultan-kosen-il-gigante-e-chandra-bahadur-dangi.jpg
static.nonsolodonne.net/wp-content/uploads/2017/04/svegliarsi-la-mattina-1-e1493848446227.jpg
static.panorama.it/wp-content/uploads/2013/11/1-Tre-studi-di-Lucian-Freud-Francis-Bacon-1000x600.jpg?4c7746
static.pourfemme.it/845X0/www/pourfemme/it/img/tacchi-per-gambe-lunghe.jpg
static.tantasalute.it/r/843X0/www.tantasalute.it/img/mal-di-denti-cause-rimedi.jpeg
static01.pourfemme.it/pfbellezza/fotogallery/1200X0/21493/capelli-rosso-tiziano.jpg
tele3d.it/file/panasonic-tx-65vt20/tx-65vt20-estetica.jpg
theapartmentlaserie.files.wordpress.com/2014/06/david-giuntoli.jpg
upload.wikimedia.org/wikipedia/commons/6/62/Neues_Rathaus_und_Marienplatz_München.jpg
upload.wikimedia.org/wikipedia/commons/a/a3/Eq_it-na_pizza-margherita_sep2005_sml.jpg
upload.wikimedia.org/wikipedia/commons/d/d1/Testudo_hermanni_hermanni3.jpg
uploads.pubblimaniastore.com/_resize/image.php/336-camice-uomo.jpeg?width=800&height=&cropratio=&image=/products/336-camice-uomo.jpeg&no_watermark=1
www.99wtf.net/wp-content/uploads/2017/06/Tall_thick_spiky_hairstyle_4-1.jpg
www.999scuse.it/wp-content/uploads/2017/03/disco.png
www.accademia19.it/Club%20dei%20nonni/Foto_Iannucci_tre_nipoti.jpg
www.adrianotilgher.gov.it/_webfiles/Biblioteca-montserrat.jpg
www.aicpe.org/public/Files/rif000101/2912/rinoplastica.jpg
www.aiditalia.org/Media/Page/ragazzi-esame-di-stato.jpg
www.altomareblu.com/wp-content/uploads/LoStradivariusdelMareBarcadepocaSperanza_11723/speranzella32fujiyamao.jpg
www.antifurtocasa.it/wp-content/uploads/2013/09/orologio.jpeg
www.avventureviaggi.com/wp-content/uploads/2013/11/Il-giardino-della-casa.jpg
www.bakaji.com/images/prodotti/Modellino-moto-motocicletta-ho_01821948.jpg
www.belluzzo.net/wp-content/uploads/2017/03/Giornali.jpg
www.bennett-shop.de/wp-content/uploads/2014/12/cappuccino.jpg
www.bergamopost.it/wp-content/uploads/2015/07/caldo-in-arrivo.jpg
www.bergamosera.com/cms/wp-content/uploads/2013/01/sorriso33-300x225.jpg
www.blogsicilia.it/wp-content/uploads/2016/03/Farmacia-Bonsignore-Palermo.jpg
www.buonanuova.it/wp-content/uploads/2015/10/cantare-sotto-la-doccia.png
www.calcioefinanza.it/wp-content/uploads/2015/04/Nuovo-stadio-Tottenham.jpg
www.capri-helicopters.com/images/fleet/22_z.jpg
www.citynow.it/assets/uploads/2017/03/cinema.jpg
www.cna.it/sites/default/files/article-placeholder-image/aranciata_istock_000016924820_large.jpg
www.corriereuniv.it/cms/wp-content/uploads/2017/07/image-1.jpg

centoquarantuno 141

Fonti

www.cosmeticapersonalizada.com/wp-content/uploads/2012/08/prolongar-bronceado.jpg
www.cv-in-inglese.it/wp-content/uploads/2013/06/Email-di-accompagnamento-CV-in-inglese.jpeg
www.dissapore.com/wp-content/uploads/2013/10/schiuma.jpg
www.donnaclick.it/images/2015/07/12.jpg
www.donnamoderna.com/wp-content/uploads/2015/09/Avvocato-Alessia-Sorgato.jpeg
www.donnemagazine.it/wp-content/uploads/2015/09/aperitivo_02.jpg
www.duzzle.it/spree/products/3325/original/duzzle-mobiletti-comodini-set_di_due_comodini-legno-wengè.JPG?1475060625
www.elisaguccione.it/wp-content/uploads/2016/12/sipario-teatro-1.jpg
www.emmausonline.it/wp-content/uploads/2016/04/sorriso_660x336_1.jpg
www.familyhotelsromagna.it/html/img/gallery/piano_famiglia.jpg
www.fassinoimmobiliare.com/new%20york/Immagini%20web/New_York_appartamenti_appartamento_casa_case_villa_ville_loft%20%2837%29.jpg
www.fit-star.it/wp-content/uploads/2015/03/palestre-fitstar-milano.jpg
www.foto-calendari.com/wp-content/files_mf/wpsc/category_images/1foglio.png
www.getfit.it/immaginiCorsi/cor_lezioni-private-nuoto_111_1.jpg
www.guidaconsumatore.com/wp-content/uploads/2007/11/cappello-da-uomo.jpg
www.health-matters.co.uk/captcha/dice3.gif
www.homeplaneur.com/media/catalog/product/cache/1/image/9df78eab33525d08d6e5fb8d27136e95/c/i/cig-hp-tappeto-naturale-cipro-200.jpg
www.hotelmonicaflorence.com/wp-content/uploads/2016/10/Firenze-panoramica.jpg
www.igrandivini.com/wpigv/wp-content/uploads/2016/12/olio-extravergine-di-oliva-biologico.jpg
www.ikub.al/cache/images/13/13ba29e8-c79b-4c92-a14d-ce46f7133b68---0-.jpg
www.ilfattoalimentare.it/wp-content/uploads/2015/06/come-fare-bene-spesa-supermercato-errori-da-evitare-1.jpg
www.ilgiornale.it/sites/default/files/foto/2015/12/18/1450428417-tazzina-caff.jpg
www.ilgiornale.it/sites/default/files/foto/2016/06/16/1466106586-caff.jpeg
www.iltorinese.it/wp-content/uploads/2015/10/palestra.jpg
www.infabbrica.com/18563-thickbox_default/letto-matrimoniale-in-legno-con-testiera-imbottita-spazio.jpg
www.ingrossoceramiche.com/polopoly_fs/1.2608188.1483782543!/httpImage/img.jpeg_gen/derivatives/landscape_980/img.jpeg
www.italianlightstore.com/22122-thickbox_default/lampada-a-sospensione-2599s2p-a-2-luci-design-moderno.jpg
www.labissa.com/media/k2/items/cache/868314e90eb693ef8e6497f3ef9e098a_XL.jpg
www.lavorareturismo.it/wp-content/uploads/2016/09/cameriere.jpg
www.ldlab.it/wp-content/uploads/2016/09/systems_han_05.jpg
www.libreriamedica.com/blog/wp-content/uploads/2015/07/14-800x494.jpg
www.limesonline.com/wp-content/uploads/2015/05/2005_newsstand_Rome_17814922-e1431356984622.jpg
www.marigliano.net/upload/articoli/1487859419.jpg
www.mercatopoli.it/Imm/pagine/24141/sdraio-usate-mare.jpg
www.mobiliticino.com/wp-content/uploads/2013/07/039-Armadio-Alfa-di-NOVAMOBILI-8.jpg
www.montagnaestate.it/wp-content/uploads/offerte-vacanze-montagna-estate-630x347.jpg
www.napolike.it/wp-content/uploads/2016/03/Campana.jpg
www.naturaepiacere.it/blog/wp-content/uploads/2013/11/coppia_spesa.jpg
www.netcasa.it/cgi-bin/product/big/portafoto-a341-da-tavolo-rose-in-resina-con-decorazioni-in-rilievo_78986.png
www.newsfood.com/wp-content/uploads/2014/04/Bicchiere-di-vino-rosso1.jpg
www.newslavoro.com/wp-content/uploads/2013/09/pizzaiolo.jpg
www.nicolasalvatore.com/web/wp-content/uploads/2016/01/pizza_fatta_in_casa_1.jpg
www.noinonni.it/wp-content/uploads/2015/07/nonna-nipoti-gemelli-Stuart-Monk-_-Dreamstime.com_.jpg
www.nonnaonline.it/wp-content/uploads/2017/02/vento1.gif
www.nonsprecare.it/wp-content/uploads/2013/10/come-riciclare-le-matite-colorate-1.jpg
www.nonsprecare.it/wp-content/uploads/2014/07/riciclo-cellulari-usati-ritiro-commercianti-direttiva-europea.jpg
www.notizie.it/wp-content/uploads/2016/12/green-eyes-1161230_960_720-678x381.jpg
www.nuotobergamoalta.it/sites/default/files/immagini/corsi-nuoto-adulti-piscina-seminario.jpg
www.occhiodisalerno.it/wp-content/uploads/2017/01/banca.jpg
www.occhiodisalerno.it/wp-content/uploads/2017/02/20151017-pies-vicky-wasik-2-thumb-1500xauto-427217.jpg
www.pacificsmilesdental.com.au/media/189850/couple-smiling.jpg

www.piscinadibarzano.it/public/pictures/piscina_011.jpg?v=1381571145
www.playviaggi.com/wp-content/uploads/2013/07/chiavi-in-albergo.jpg
www.projectinvictus.it/wp-content/uploads/2014/06/nimis-giovanni-baronti-2009-1.jpg?x19169
www.repstatic.it/content/localirep/img/rep-milano/2016/04/13/171200498-8c4e5e1c-7e85-408a-b957-cf1336e683ab.jpg
www.resport24.it/in/wp-content/uploads/2017/02/Colazione-a-letto-938x535.jpg
www.ristorantelatorredigargonza.it/wp-content/uploads/2014/02/ristorante-monte-san-savino-1-2000x925.jpg
www.scooptravel.it/wp-content/uploads/2015/09/invito-a-napoli.jpg
www.senzapensierifamiglia.it/images/slider/slide-1.jpg
www.shoeplay.it/wp-content/uploads/2013/02/sergio-rossi3.png
www.socwall.com/images/wallpapers/15868-3872x2592.jpg
www.spaziod.org/sites/default/files/lingue.jpg
www.spaziorelaxitalia.it/relax/giada.jpg
www.stateofmind.it/wp-content/uploads/2015/12/Le-prime-paure-dei-bambini-quali-sono-le-più-diffuse-e-come-eleborarle_Fotolia_74108847_Subscription_Monthly_M-680x365.jpg.jpg
www.stilcasa.net/arimgzoom/339.humbroz2.jpg
www.studiocataldi.it/images/imgnews/originali/mensa_aziendale-id21372.jpg
www.studiomedicotealdi.it/wp-content/uploads/2016/01/viso2.jpg
www.thinkdonna.it/foto/blog/243-2184.jpg
www.thinkdonna.it/foto/blog/bere.jpg
www.toffini.com/Public/FotoArticoli/635956571622140380padrefigli.jpg
www.trentino-suedtirol.ilfatto24ore.it/wp-content/uploads/2017/09/teatro.jpg
www.uisp.it/varese/files/principale/tennis%20510.jpg
www.ultimora.news/local/cache-vignettes/L800xH433/arton2037-c509a.jpg?1491844254
www.unicom-brescia.net/wp-content/uploads/2013/05/Arredobagno-e-magazzino-idrotermosanitario-05.jpg
www.viaggiamo.it/wp-content/uploads/2014/08/Come-chiamare-taxi-a-Roma.jpg
www.vitadamamma.com/wp-content/uploads/2015/01/sonno-bambini.jpg
www.watchitalia.it/wp-content/uploads/2016/02/guardare-film-2.jpg
www.wikihow.com/images/c/c8/Set-the-Gain-on-a-Car-Amplifier-Step-5.jpg
zapping2017.myblog.it/wp-content/uploads/sites/427509/2017/04/zzz-54.jpg
zlavomat.sgcdn.cz/images/t/660/72/91/7291-30f238.jpg
https://3.bp.blogspot.com/-1MwjMuKvZRE/WRVjqnDM9qI/AAAAAAAABwg/LpItQl8MPPw03xaC96kADW0HgHuJ3rY5QCLcB/s1600/2017-05%2BPort%2BTaranaki.jpg
https://upload.wikimedia.org/wikipedia/commons/f/f3/Vincent_van_Gogh_%281853-1890%29_-_Wheat_Field_with_Crows_%281890%29.jpg
media.wired.com/photos/59b0197718550672e9fbdd40/master/w_2400,c_limit/Lamborghini-Aventador-Roadster-TA.jpg
cdn.maisonsdumonde.com/img/lampada-da-terra-metallo-grigio-700-15-16-143393_1.jpg
www.informagiovaniagropoli.it/wordpress/wp-content/uploads/2017/02/iStock_000013030397Large.jpg
memegenerator.net/img/images/600x600/16583636/send-nudel.jpg
www.rd.com/wp-content/uploads/2016/03/16-20-things-happy-couples-do-eat-dinner.jpg
c.wallhere.com/photos/cd/58/travel_woman_mountain_mountains_travelling_water_girl_beauty-1079618.jpg!d
www.sydneyoperahouse.com/content/dam/soh/visit-us/eat-and-drink/opera-bar/OperaBar_Gallery_1_Afternoon-drinks-Opera-Bar_1600x900.jpg.image.1600.900.high.jpg
www.2000.ua/modules/pages/res/1000x1000/16729_3b904bdbdbb9c17bfef123ad60764e40_7178.jpg
www.pvcconstruct.org/upload/images/Newsletter18/Photo_Christian_Nesset.jpg
i.ytimg.com/vi/YFx0m8CinQI/maxresdefault.jpg
www.cloudhousevapor.com/media/catalog/product/cache/1/image/650x/040ec09b1e35df139433887a97daa66f/o/r/orange-01.jpg
www.penheaven.co.uk/media/catalog/product/cache/1/image/1160x840/9df78eab33525d08d6e5fb8d27136e95/L/a/Lamy-Studio-Imperial-Blue-Fountain-Pen-C175_2.jpg
cdn2-www.dogtime.com/assets/uploads/2011/01/file_23020_dachshund-dog-breed.jpg
blog.tuttoferramenta.it/wp-content/uploads/2016/02/Cabina-Armadio-le-idee-di-tuttoferramenta.jpg
www.zoccoli.biz/gallery2/main.php?g2_view=core.DownloadItem&g2_itemId=870&g2_serialNumber=2
4.bp.blogspot.com/-0otvKd5Mv_M/U2HzZmXzP4I/AAAAAAAAGKI/xNFi6iol6W4/s1600/4dispensa.jpg
globalmedicalco.com/photos/globalmedicalco/6/25973.jpg
unisci24.com/data_images/wlls/13/213775-couple.jpg
encrypted-tbn0.gstatic.com/images?q=tbn:ANd9GcQO82LYYIKK_q0bgDzdyONCNUYrXO0s_jT-RAamEjw-dSFF1Nup3Q

seconda parte

dynamic-cdn.tinystep.in/image/600x600/admin-panel-image-6de06588-3a7d-431c-a0be-4f05bd73dbd0-1506343066304.jpeg
www.viu.ca/sites/default/files/styles/full_bg_focal_breakpoints_theme_viu_theme_bg_lg_landscape_1x/public/child-and-youth-care-diploma_0.jpg?itok=ZDza9wTx&timestamp=1512776727
www.antistur.com/oteller/e2b5fe4ea7170189193a1ba56576472c.jpg
noahfineart.com/wp-content/uploads/2012/10/bigstock-Silhouette-Couple-At-Their-Su-4967401.jpg
pngimg.com/uploads/window/window_PNG17708.png
www.birikina.it/wp-content/uploads/2016/04/giusy.jpg
d3gxp3iknbs7bs.cloudfront.net/media/618/e706b8db-6f7f-43ee-9892-9879d1e6409e.jpg
www.google.gr/search?biw=1920&bih=949&tbm=isch&sa=1&ei=NUoPW uWwL-OY6ATbyqiADg&q=im+sick&oq=im+sick&gs_l=psy-ab.3..0l2j0i10i 30k1j0i30k1l6j0i10i30k1.2111937.2114669.0.2114861.7.7.0.0.0.0.151.702. 0j5.5.0....0...1.1.64.psy-ab..2.5.702....0.qnNs2JPr4jM#imgrc=AaPiqNVLezFMcM:
i.pinimg.com/736x/12/41/7a/12417a2f7ef951bcc9bdfbe3d42bb7ec--womens-sun-hat-derby-hats.jpg
i.pinimg.com/originals/59/0d/52/590d52a503c5de5228ca9bea8c 495271.jpg
www.lifeinitaly.com/sites/default/files/Dave%20Kellam.jpg
i.ytimg.com/vi/eac91tZsZMw/maxresdefault.jpg
az616578.vo.msecnd.net/files/2016/07/18/636044020543722165-1925093937_waiter_tray_white_background_79870_2048x1152.jpg
i.ytimg.com/vi/SWRDMynQeOM/maxresdefault.jpg
4.bp.blogspot.com/-8IDmU3ZJJoI/VI5lTVQu5dI/AAAAAAAAIeU/srg8WW-qS0M/s1600/fotodicapellieulivieannalalai_Eta%27s%2Bedit-9050.jpg
www.gsfdcy.com/data/img/9/1203158-beauty-wallpaper.jpg
www.irishtimes.com/polopoly_fs/1.2205391.1431101359!/image/image.jpg_gen/derivatives/box_620_330/image.jpg
vinaire.files.wordpress.com/2015/04/time-management1.jpg
usercontent2.hubstatic.com/7623691.jpg
img1.cookinglight.timeinc.net/sites/default/files/styles/medium_2x/public/image/1512w-getty-woman-cooking.jpg?itok=qYFHetLu
ak1.picdn.net/shutterstock/videos/30833101/thumb/1.jpg
https://www.italytravel.com/2015/09/famous-travelers-weigh-in-with-italy-travel-tips/
http://mangiarebuono.it/wp-content/uploads/2013/10/bar-foto-interna-1024x682.jpg

PARTE 2
2.bp.blogspot.com/-EoDYwgpZuB4/U_QiDQw3hKI/AAAAAAAABlo/feKHJUXmZIM/s1600/image.jpg
2.bp.blogspot.com/-HCdonbg1Ueg/T2Xzp-OY4EI/AAAAAAAAAMI/oKd2RqpsOk8/s1600/nmr++kgm4.jpg
2.bp.blogspot.com/-jSa4GoZk3M8/VRkVnjaeRUI/AAAAAAAAHk/hHN6G4K5Qgg/s1600/milanometro.jpg
4.bp.blogspot.com/-E_oTrD9JSiQ/Vs921Mg8Z4I/AAAAAAAACvc/UVQtQNgUxM8/s1600/DSC04842.JPG
12alle12.it/wp-content/uploads/2013/10/train-en-toscane.jpeg
117221-bild97-gatto-letto-di-rose-cuscino-intimo.jpg
actionmagazine.it/actionmagazine/wp-content/uploads/2017/07/quino-al-223138.jpg
aforisticamente.com/wp-content/uploads/2014/11/inverno_g_opt.jpg
areacomunicazione.policlinico.unina.it/wp-content/uploads/2017/04/erri.jpg
assets.inhabitat.com/wp-content/blogs.dir/1/files/2014/06/Woman-washing-face.jpg
avvocatomatrimonialista.org/wp-content/uploads/2015/08/genitori-psicologo.jpg
bambino.donnamoderna.com/media/2012/11/bambina-che-dorme.jpg
comefare.donnamoderna.com/wp-content/uploads/2016/07/pettinarsi.jpg
blog.casa.it/wp-content/uploads/2016/07/GettyImages-82173235.jpg
blog.giallozafferano.it/dolcesalatoconlucia/wp-content/uploads/2015/04/IMG_19951.jpg
blog.graphe.it/wp-content/uploads/2015/12/libri-sul-letto.jpg
blog.pianetadonna.it/lifeisabook/wp-content/ds/2014/08/10314494_1020357 5407059794_4670887779520035588_n.jpg
cdn.cronachemaceratesi.it/wp-content/uploads/2017/07/demolizione-castelraimondo-palazzo-viale-europa-2.jpg
cdn.illibraio.it/wp-content/uploads/2016/12/scuola-studenti-classe-alzare-mano-981x540.jpg
cdn.lovepedia.cloud/img/magazine/content/sintomi-di-una-persona-stressata.png
cdn01.ru/files/users/images/8b/17/8b174ded7af0f9f5391866edb05c83a3.jpg
clande-products.s3.amazonaws.com/218085-chi-aprendizaje-inteligente--thumb.jpg
comefare.com/wp-content/uploads/2013/10/sciare-a-pasqua.jpg
cornerstonemusicconservatory.org/wp-content/uploads/2014/03/The-finale-of-Sarasota-Operas-production-of-Verdis-A-KING-FOR-A-DAY-Photo-by-Rod-Millington.jpg
eshopdancin.it/media/catalog/product/cache/1/small_image/600x600/9df7 8eab33525d08d6e5fb8d27136e95/s/c/scarpa-da-ballo-e-studio-broadway-cuccarini-in-pelle-nero-tacco-5-cm-right.jpg
etc.usf.edu/clipart/34000/34089/nclock-08-15_34089_lg.gif
file.popoho.com/2016-08-23/5ae5eaa49b1d43d936ad87371bfd1540.jpg.jpg
Foto-etichette-stampabili-per-bottiglie-di-vino-achitect-1500px-768x1024.jpg
Fotolia_8398873_Subscription_XL.jpg
i1.wp.com/blog.ucooki.com/wp-content/uploads/2015/10/nipote-nonna-cucina.jpg?resize=1140%2C660.jpg
il6.picdn.net/shutterstock/videos/13190774/thumb/1.jpg
image2.thematicnews.com/uploads/images/10/59/88/61/2015/11/16/22eceafe45.jpg
images-na.ssl-images-amazon.com/images/I/41tyjlb37cL.jpg
images.lacucinaitaliana.it/wp-content/uploads/2017/02/Panzerotto-ricetta-classica-890x570.jpg
images.movieplayer.it/images/2016/03/16/schermo.jpg
images2.corriereobjects.it/Primo_Piano/ambiente/gallery/2013/01/borse/tela/img_tela/bo_13_941-705_resize.jpg?v=20130106105553
img.grouponcdn.com/deal/kcyR3FJmJ63hYfGwYbPU/tj-2048x1229/v1/c700x420.jpg
luca-mercatanti.com/wp-content/uploads/2013/02/telefonate_anonime.jpg
media-cdn.tripadvisor.com/media/photo-s/0e/4d/f7/e8/pizza-a-domicilio.jpg
media.mnn.com/assets/images/2012/12/shutterstock_51430159.jpg.600x315_q80_crop-smart.jpg
media.mnn.com/assets/images/2017/12/woman-cleaning.jpg.653x0_q80_crop-smart.jpg
myemotionaltraining.it/wp-content/uploads/2016/04/nuotare-per-rassodare-i-glutei-e-combattere-la-cellulite.jpeg
redolab.altervista.org/nuovosito/wp-content/uploads/2015/02/insegna1_740.jpg
siviaggia.files.wordpress.com/2015/05/aereo-63610.jpg
socialnews.tiscali.it/media/1722/1722_ex_incombe..jpg
st2.depositphotos.com/1177973/7023/i/450/depositphotos_70233809-stock-photo-stack-of-money-on-table.jpg
static.rbcasting.com/trasmtv.jpg
static.tantasalute.it/r/843x0/www.tantasalute.it/img/mal-di-denti-cause-rimedi.jpeq
svoimirukami.com.ua/images3/Maski_dlya_suhih_volos_recepti_masok-_soveti_po_uhodu_za_volosami_4.jpg
tvzap.kataweb.it/wp-content/uploads/2016/10/braccio.jpg
upload.wikimedia.org/wikipedia/commons/1/16/Chiesa_Prepositurale_di_Lissone_2.jpg.jpg
userscontent2.emaze.com/images/12f20d20-8b14-479a-9057-c112ae5f8325/0 487e5d8793056d335fd94319f187ee7.jpg
viaggidialex.altervista.org/images/lombc.jpg
vinzite.com/wp-content/uploads/2017/03/investment-euros-finance-buying-3.jpg
viverepiusani.it/wp-content/uploads/2016/09/ragazza-si-pettina-i-capelli.jpg
windowslover.it/wp-content/uploads/2015/09/Autunno-4.jpg
www.899epubblicita.it/wp-content/uploads/2015/09/Pubblicit%C3%A0-riviste-settimanali-distribuzione-nazionale-.png
www.abarletta.it/wp-content/uploads/2013/11/alto-basso-detti-popolari-barlettani-1.jpg
www.aiafood.com/sites/default/files/articles/pranzo_di_ferragosto_10_ricette_fresche_e_veloci_0.jpg
www.albergoitalia.com/img/TOP/matera1.jpg.jpg
www.amoreaquattrozampe.it/wp-content/uploads/2015/10/cucciolo.jpg
www.angeluccicicli.it/images/Atala%20City%202015/Bicicletta%20Atala%20 City%20Bike%20TRK%20Discovery%20FS%20.jpg
www.arredo.cc/tabaccheria.jpg
www.asnaghitessuti.com/wp-content/uploads/2016/03/raso-seta-slider-905x400.jpg
www.astronomiamo.it/public/immagini/2014319221937_GiardinoPrimavera.jpg
www.bambinonaturale.it/wp-content/uploads/Bambini-natura.jpg
www.beautips.it/wp-content/uploads/2013/05/messa1-1024x576-720x294.jpg?x33480.jpg
www.bebac.com/uploads/pune-cekaonice-txt.jpg
www.bebcascinabellezza.com/Logo01.eps.jpg.jpg
www.blogdilifestyle.it/wp-content/uploads/2016/03/blogdilifestyle_8e2154c50ca048b340af8854fb8610bb.jpg
www.buonissimo.org/archive/g/7%252BJSwYbNK%252BbvY71pV%252FpluyN %252BQQUtiVSULx%252Fe2r6v1gl0zJdt%252FewQdPM95gLwqC6F.jpeg
www.caffeincampo.it/wp-content/uploads/2014/07/vestiti-.jpg.jpg
www.chedonna.it/wp-content/uploads/2015/10/asciugare-il-

centoquarantatré 143

Fonti

cane-e1446030831876.jpg
www.comfortonline.it/images/Prodotti/Facilitatore%20di%20seduta
www.condominioweb.com/post/2016/a12903-discoteca-bar-rumori.jpg
www.consumatrici.it/wp-content/uploads/2016/05/aaacentroaperto.jpg
www.coppo.net/img/articoli/85727_Insegne_in_Polistirolo_grande_rilievo_bombatura_fisioterapiacopia.jpg
www.corriereuniv.it/cms/wp-content/uploads/2016/06/30-anni-l-eta-dell-equilibrio.-Intervista-con-Cristiana-Capotondi_oggetto_editoriale_850x600.jpg
www.deabyday.tv/data/guides/sport-e-fitness/outdoor/Come-fare-jogging--piano-di-allenamento/image_big_16_9/uid_13325b0437a.jpg
www.dissapore.com/wp-content/uploads/2013/04/fetta-pizza-margherita-Franco-Pepe-700x466.jpg
www.donnamoderna.com/wp-content/uploads/2016/11/Biscotti-al-burro-915x515.jpg
www.eticamente.net/wp-content/uploads/2015/07/ballare.jpg
www.eventiesagre.it/eventi/21163247/img/libro.jpg
www.famiglienumerose.org/wp-content/uploads/2017/02/vendocasa.jpg
www.focus.it/site_stored/imgs/0003/004/corbis_42-21923730.630x360.jpg
www.garmoniazhizni.com/wp-content/uploads/2015/08/uhod-za-volosami-rebenka.jpg
www.glisshop.co.uk/gfx/graphic/glisshop/navs/fn_park.jpg
www.hotelexecutivetorino.com/resources/images/29b71995-0ee9-4e53-a8bd-88154706eda2/it/B/parcheggio-coperto-e-custodito-in-centro-torino.jpg
www.ideegreen.it/wp-content/uploads/2015/08/pappagalli-domestici1.jpg
www.ikea.com/it/it/images/products/komplement-cassetto__0459819_PE606299_S4.JPG.JPG
www.ilfattoalimentare.it/wp-content/uploads/2013/12/pranzo-cibo-famiglia-112808754.jpg
www.ilfattonisseno.it/wp-content/uploads/2017/01/GN4_DAT_8287903.jpg-.jpg
www.insegneantiche.it/wp-content/uploads/2016/07/www-Stemma-polizia-di-stato.jpg
www.iwebdesigner.it/wp-content/uploads/2012/01/00213-e1326537237858.jpg
www.kamiceria.it/media/wysiwyg/sette-camicie.jpg
www.laleggepertutti.it/wp-content/uploads/2014/02/La-buccia-di-banana-per-terra-se-scivolo-chi-responsabile-372x248.jpg
www.lanazione.it/pistoia/cronaca/2013/11/10/980029/images/1895256-autobus.jpg
www.lavocedelterritorio.it/wp-content/uploads/2015/11/mercato_girasole_corciano.jpg
www.lecodellitorale.it/wp-content/uploads/palloneCalcio.jpg
www.managementjournal.net/media/k2/items/cache/535f54f1cb2c2dc0e39f6d5c8d07bda0_XL.jpg
www.melarossa.it/wp-content/uploads/2013/12/pausa-pranzo-insalata-o-panino-1.jpg
www.misya.info/wp-content/uploads/2016/12/biscotti-vegani-1.jpg
www.mondobirra.org/download/boccali2.jpg
www.mutartblog.it/wp-content/uploads/2015/02/togethera-social-network-amici-veri.jpg
www.mysicilyexperience.com/mse/wp-content/uploads/2016/02/sicilia.jpg
www.napolidavivere.it/wp-content/uploads/2016/11/A-Napoli-il-primo-Supermercato-dove-Non-si-paga-con-i-Soldi-640x360-640x360.jpg
www.newsiosity.com/sites/default/files/styles/680wide/public/Rent.jpg?itok=MV4HFAIC.jpg
www.noimedianetwork.it/wp-content/uploads/2016/12/basket.jpg
www.nondiremaivideo.com/wp-content/uploads/2008/12/come-aprire-macchina-senza-chiavi.jpg
www.nonsprecare.it/wp-content/uploads/2013/04/medicine_pills.jpg
www.nonsprecare.it/wp-content/uploads/2013/07/benefici-nuoto-bambini-muscolatura-intelligenza-concentrazione-autostima1.jpg
www.notizie.it/wp-content/uploads/2016/04/sapone-1.jpg
www.notizie.it/wp-content/uploads/2017/04/fragole-1.jpg
www.olioevino.org/enoteca/servire-il-vino/i-bicchieri-da-vino_N2.jpg
www.oroportale.it/images/images/come-pulire-gli-orologi-oro.jpg
www.parmareport.it/wp-content/uploads/2016/07/scuola-infanzia.jpg
www.piuvivi.com/images/immagini/moda-uomo/scarpe-uomo-a-i-2015-2016/Westwood-scarpe-fibbia-bicolore-uomo-autunno-inverno-2015-2016-la-parola-d-ordine-e-brutto.jpg
www.psicologiagiuridica.eu/wp-content/uploads/2017/05/tribunale-3443.jpg
www.psicozoo.it/wp-content/uploads/2016/12/dormire-copertina.jpg
www.repstatic.it/content/nazionale/img/2015/03/10/174758393-64cadda9-87de-471e-9c99-35dad7be2377.jpg
www.riposoerelax.com/wp-content/uploads/relax-sul-divano.jpg
www.ristorantemonaco.it/wp-content/uploads/2016/09/pizzeria-1024.jpg
www.sampgeneration.it/wp-content/uploads/2013/10/caff%C3%A8-amaro.jpg
www.sanort.com/95-thickbox_default/cuscino-in-fibra-cava-siliconata-con-schiacciamento-centrale.jpg
www.scambieuropei.info/wp-content/uploads/2015/09/come-diventare-insegnante-di-inglese_011e3f4818a490e401195f3bf71ee972-e1442844975394.jpg
www.scorpio.pub/wp-content/uploads/2015/05/Autobus-fronte.png
www.sdimedia.com/wp-content/image-cache/55fe43c3d79067a852c916220e5ae195.jpg
www.snapitaly.it/wp-content/uploads/2017/03/1600x1067xElio-Germano-.jpg.pagespeed.ic.Vvb16GK0p8.jpg
www.stvarukusa.rs/sites/default/files/styles/w685/public/recipe/photo_galleries/mango_torta_od_sira.jpg
www.tapeciarnia.pl/tapety/normalne/267202_rogalik_kawa_ziarna_filizanka.jpg
www.tedagroup.it/Public/Img/471_Fotolia_banner2_legno.jpg
www.terzobinario.it/wp-content/uploads/2014/10/vigili_urbani_10.jpg
www.uffici-arredati.net/immagini/uffici_arredati/uffici_arredati_002.jpg
www.umbria24.it/app/uploads/2016/04/scacchi.jpg
www.vastospa.it/html/tradizione/immagini/trad_giochi_di_una_volta1.jpg
www.vestiremaquiar.com.br/wp-content/uploads/2015/01/festa-em-casa.jpg
www.vesuviolive.it/wp-content/uploads/2014/07/metropolitana-napoli.jpg
www.vesuviolive.it/wp-content/uploads/2015/06/cornetti.jpg
www.vitadamamma.com/wp-content/uploads/2017/08/capelli-dei-neonati-22.jpg
www.vogliovivereecosi.com/wp-content/uploads/estate-1920x1080.jpg
www.volontarishop.eu/media/catalog/product/cache/1/image/9df78eab33525d08d6e5fb8d27136e95/c/a/camicia_steward_bi.png
www.wellme.it/images/approfondimenti/come-fare-per/provare-vestiti.jpg
www.workout-italia.it/wp-content/uploads/2016/06/PALESTRA-IDEALE22.jpg
images.unadonna.it/coppia-3.jpg
www.internationalwebpost.org/set/img/icone_articoli/bicchiere_vino_rosso.jpg
www.adventurouskate.com/wp-content/uploads/2017/06/DSCF4719.jpg
www.budgetbytes.com/wp-content/uploads/2017/07/Add-Cooked-Pasta-to-Lighter-Spinach-Alfredo-Sauce.jpg
fthmb.tqn.com/_gdXLcHAsjNpADFpwRmJYHz6Vk8=/4500x3000/filters:no_upscale()/christmas-party-games-2-56af65c83df78cf772c3ed8e.jpg
www.ciphr.com/wp-content/uploads/2013/11/effective-meeting-tips.jpg
estudiovila13.com/wp-content/uploads/5-discoteca-hi-ibiza.jpg
www.google.gr/search?q=Magnifiche+presenze&dcr=0&tbm=isch&source=lnt&tbs=isz:l&sa=X&ved=0ahUKEwjJ8J-U3qrYAhXnC5oKHYpODosQpwUIHg&biw=1920&bih=949&dpr=1#imgrc=JJFtQV1QfjdrtM:
aipetcher.files.wordpress.com/2011/04/italy-traffic.jpg
d2v9y0dukr6mq2.cloudfront.net/video/thumbnail/H1x6XpfHipl5xitr/old-man-sitting-on-the-couch-at-home-reading-a-book_r8z3w4zux_thumbnail-full01.png
i.ytimg.com/vi/G97TT8qZSRA/maxresdefault.jpg
www.google.gr/search?q=Magnifiche+presenze&dcr=0&tbm=isch&source=lnt&tbs=isz:l&sa=X&ved=0ahUKEwjJ8J-U3qrYAhXnC5oKHYpODosQpwUIHg&biw=1920&bih=949&dpr=1#imgrc=JJFtQV1QfjdrtM:
aipetcher.files.wordpress.com/2011/04/italy-traffic.jpg
d2v9y0dukr6mq2.cloudfront.net/video/thumbnail/H1x6XpfHipl5xitr/old-man-sitting-on-the-couch-at-home-reading-a-book_r8z3w4zux_thumbnail-full01.png
www.telemundo.com/sites/nbcutelemundo/files/images/promo/article/2016/10/05/maestra-dando-clase-en-escuela-primaria.jpg
blog.copenhagenwest.com/wp-content/uploads/2016/03/Tips-for-Creating-the-Perfect-Reading-Nook.jpg
static.pexels.com/photos/6270/woman-flowers-holidays-girl-6270.jpg
resources.phrasemix.com/img/full/listening-closely.jpg
tonyzambito.com/wp-content/uploads/2014/09/listening.jpg
sofacleaning.com/wp-content/uploads/2015/02/sofa-cleaning-nottingham.jpg
www.lacreme.ie/sites/lacreme.ie/files/styles/large/public/friendly%20receptionist_0.jpg?itok=39Yrr8bh
www.thetelegraphandargus.co.uk/resources/images/6358145/?type=responsive-gallery-fullscreen
static-secure.guim.co.uk/sys-images/Guardian/Pix/pictures/2014/3/19/1395232324214/Man-taking-a-shower-014.jpg
shesimply.com/wp-content/uploads/2016/02/woman-washing-hands-1.jpg
i.pinimg.com/originals/5d/6f/b9/5d6fb90cda9a21df55b8737a82eb89d1.jpg